独立を考えたら
一番最初に読んでおきたい

フリーランス
コンサルタント
の
教科書

株式会社Groovement

代表取締役 **浴野真志** **高倉諒一** 取締役
MASASHI EKINO　RYOICHI TAKAKURA

CROSSMEDIA PUBLISHING

はじめに
理想の働き方を叶える
「フリーコンサルタント」という選択

　特定の組織に属さず、個人がその能力やスキルで仕事を請け負う「フリーランス」という働き方が、日本にも徐々に定着し始めています。クラウドソーシングサービス大手のランサーズの調査によると、2015年に390万人だったフリーランス人口は、2021年には797万人にまで増加しているそうです[※1]。その背景には様々な要因があると考えられます。

　例えば、従来の終身雇用制度が崩壊しつつある事に加え、世界的に重要視されるようになった「ダイバーシティ」の概念や働き方改革などによって、多様な働き方が認められるようになった事も影響しているでしょう。また、副業を許可する企業の増加や、コロナ禍でのリモートワークの定着が、独立へのハードルを下げたとも考えられます。いずれにしろ、今後ますますフリーランス人口は増えていく事が予想されています。

■ フリーランスの職種も多様化
■ フリーで活躍するコンサルタントも増加

　フリーランスで働く人口が増加する中で、その職種も拡大傾向にあります。従来は、フリーランスといえば、ライターやデザイナー、プログラマーといったクリエイティブ職が多いイメージでしたが、現在はより多様な職種がフリーランスとして活躍しています。

　そのひとつが、コンサルタント（フリーコンサルタント）です。

フリーコンサルタントとは、コンサルティングファームなどの組織には所属せず、個人のキャリアや専門性を活かして案件を獲得し、業務を遂行するコンサルタントです。個人で全ての責任を負わなければならない反面、働き方は自由に選べるのがメリットです。

　例えば、ファームにいれば自分がやりたくない仕事でも引き受けなければなりませんが、フリーコンサルタントであれば自分の適正やキャリア志向に沿った案件を選べます。その案件によっては、自分の好きな時間に、好きな場所で働きながら、自分の働きに見合った報酬を得る事が可能なのです。

　参考にフリーコンサルタント向けの案件紹介サービスサイトを覗いてみてください。戦略、オペレーション改善、IT PMO、M&Aなどの案件分野、稼働率や稼働期間などによって、様々な案件がある事が分かるでしょう。

※1　ランサーズ株式会社「フリーランス実態調査2015」「新・フリーランス実態調査2021－2022年版」より/狭義のフリーランスの数（自由業系フリーワーカー、自営業系独立オーナーの合計）

■ 自分の時間や収入を増やす事も可能
■ フリーランスで働くメリット

　多くの場合、フリーコンサルタントの単価はファームに所属するコンサルタントの収入よりも高く設定されています。どのくらい差があるのかというと、相場としては、フリーコンサルタントの方が1.2〜1.5倍高くなります。

　仮に、ファーム時代の1.5倍の収入を得られるとしたら、働く時間を6〜7割にセーブしても収入は変わりません。フリーコンサル

タントになれば、十分な収入を得ながら、自由に使える時間も確保できるわけです。その自由な時間は休養や趣味に当ててもよいですし、新しい別の仕事のために使う事もできます。

　筆者自身、「ワークライフバランスを重視した働き方がしたい」と、フリーコンサルタントになろうと考えた一人です。
　ファーム時代は、ほとんど休日もなく、朝から夜中まで働く毎日。そんな生活を6〜7年ほど続けた頃には心身ともに疲労困憊で、「このままでは続かないだろう」「少し休みたい」という気持ちを持つようになっていました。「ゆくゆくは自分で事業を始めたい」という希望もありましたから、しばらくはフリーコンサルタントとして週3日くらい働き、開業準備を進めたらよいのではないかと考えたのです。

　結果として、筆者は独立後すぐ、フリーコンサルタントとして働きながら、事業を立ち上げる事となりました。それが現在、代表取締役を務める株式会社Groovementが運営しているフリーコンサルタント向けの案件マッチングサービス「Strategy Consultant Bank」です。
　というのも、筆者は独立後、戦略コンサルタントとしての経歴を活かして働きたいと考えていたのですが、当時、フリーコンサルタント向けマッチングサービスには、戦略系の案件がとても少なかったのです。自分にマッチする案件は1件あるかないかという状態でした。また、対応してくれた担当の方々がコンサルティング未経験者ばかりで、話が噛み合わないと感じた事も、フリーコンサルタントとして働く不安材料となりました。

一方で、筆者が独立を考えている事を知った当時の上司や同僚、クライアントなどからは、いくつか仕事の引き合いをいただきました。つまり、当時もフリーランスが請け負える戦略コンサルタントの案件がないわけではなかったのです。それならば、その案件を紹介するサービスが作れるのではないかと考えたのが、起業のきっかけとなりました。

　現在は、弊社を含め、フリーコンサルタント向けのサービスが増えていて、以前よりも幅広い分野の案件が見つけやすくなってきています。筆者が事業を興した後に参画した仲間の数人はマッチングサービスの仕事をしながら、フリーの戦略コンサルタントとしての仕事もコンスタントにこなしています。フリーコンサルタントとして成功するチャンスは、確実に広がっていると言えます。

「コンサルタントという仕事は好きだけれど、もっと自分に合った働き方がしたい」
「仕事を続けながら、自分で事業を始めたい」
「仕事も生活もどちらも充実させたい」
　そんな理想の働き方を実現させたいという人には、フリーコンサルタントという道も選択肢のひとつとなるでしょう。

　ちなみに、内閣官房日本経済再生総合事務局がフリーランスとして働く人を対象に行った調査[※2]によると、フリーランスという働き方を選択した理由としては、「自分の仕事のスタイルで働きたいため」「働く時間や場所を自由にするため」「収入を増やすため」といった回答が多く見られました。

さらに、同じ調査において、フリーランスという働き方の継続意思を尋ねた質問では、「今後もフリーランスとして働き続けたい」と回答した人が約8割にのぼりました。

　コンサルタントに限った話ではありませんが、フリーランスとして働く事に満足感・充実感を抱いている人は多いといえるでしょう。フリーランスという働き方によって、自分らしい仕事や生活を手に入れている人が増えているのです。

※2　内閣官房日本経済再生総合事務局「フリーランス実態調査」（2020年）

第**2**章

求められる
4つのスキル

独立に向けて
動き出す

自分だけの案件を獲得する

第**5**章

第**5**章

フリーランスとしての第1歩が始まる

編集協力　小川由希子

第 1 章

▼
▼
▼

この時代に
独立を目指す
意味

フリーコンサルタントの市場規模と将来性

　自分らしい働き方を実現するために、フリーコンサルタントという働き方に興味を持った人にとって、非常に気がかりなのが「本当に仕事が得られるのか?」という点でしょう。

　当然ながら、独立後、案件を獲得できるかどうかは、その方のコンサルタントとしての経験やスキルに寄るところもあり、一概にどうとは言えません。しかし、ひとつ言えるのは、近年、フリーコンサルタントの需要は確実に伸びているという事です。

コンサルティング市場は拡大傾向 フリーコンサルタントの需要も急増

　コンサルタントとして働いている方であればご存じでしょうが、2010年代より、コンサルティング業界は急激な拡大を続けており、2021年度の国内市場規模は1兆5,761億円にのぼります。市場環境

の急激な変化やDXの推進などの影響もあって、2021〜2027年の年間平均成長率は39％と見込まれ、2027年には2.2兆円に達すると予想されています。[3] コンサルティング業界は、「日本で唯一の成長産業」とも言われているのです。

　コンサルタントを活用したい企業がこれだけ増えていれば、比例するようにフリーコンサルタントの需要が増える事は想像に難くないでしょう。コンサルティングファームだけでは優秀な人材をまかなう事が難しくなるからです。

　そのニーズの高まりは、フリーコンサルタント向けの案件マッチングサービスが増加している事からもよく分かります。その数は正確には把握されていませんが、プロフェッショナル＆パラレルキャリア・フリーランス協会が作成した「フリーランス・副業人材サービスカオスマップ2023」を見ると、そこに紹介されているコンサル系のマッチングサービスだけでも、サービスを提供する企業が20社以上にものぼる事が分かります。

※3　コダワリ・ビジネス・コンサルティング株式会社推定

■ ファームを介さず
■ コンサルタントを雇う時代へ

　現在、フリーコンサルタントが請け負う仕事の多くは、事業会社から発注された案件ではなく、さらにその先のコンサルティングファームから発注された案件となっています。コンサルティングファームにおけるコンサルティング業務は、一般的にチームで取り組む事が多いので、ファームだけで必要なスキルセットを持った人

員を確保できない場合、即戦力となるフリーコンサルタントが必要とされるのです。

　事業会社が直接、フリーコンサルタントに仕事を依頼するケースもありますが、現在、その案件数は少なく、全体の2〜3割程度です。組織に属さないフリーランス個人との直接契約を不安視する企業はまだまだ多いのです。

　しかしながら、今後は事業会社がファームを通さずにコンサルタントを雇うケースが少しずつ増えていく事が予想されます。というのも、少子高齢化が急速に進み労働人口が減少していく日本では、様々な企業が人手不足に陥り、その分フリーランスを活用する事が当たり前の時代がくると思われるからです。

　もちろん、「社内システムを新しいものに総入れ替えしたい」「M&Aを進めたい」といった大規模な案件の場合、1人のコンサルタントでは到底、対応しきれません。コンサルティングファームが主導してチームを組織し、プロジェクトを推進していく必要があるでしょう。

　しかし、「新事業立ち上げに向けたアイデアを一緒に考えて欲しい」「社内の新事業検討チームの中に加わって欲しい」といった参謀やチームリーダーのような役割が期待される場合はどうでしょうか。専門的な知識を持ったフリーコンサルタントなら、1人でも十分にその役割を果たせるはずです。そうすれば、ファームに依頼するよりも費用を抑える事もできます。

　今後、しっかりとした案件マッチングサービスを使えば、フリーコンサルタントの実績やスキルがある程度保証される事が分かり、

事業会社が直接、フリーコンサルタントを雇う機会も多くなっていくのではないでしょうか。今まで費用面などで、コンサルタントの活用を見送っていた企業からの依頼も増えていくと考えられます。

　企業の人手不足が進めば、特に優秀な人材を社員として採用するのは難しくなっていきます。一方、成長著しいコンサルティング業界には、将来有望な人材が集中する傾向があります。ここ数年、就職先としてコンサルティングファームに人気が集中しており、例えば東大・京大の2025年卒業生の就活人気ランキングでは、TOP10のうち半分以上の7社がコンサルティングファームでした。

　今後、社内だけでは解決が難しい課題に対して、外部の専門家の力を借りたいと考える場面はますます増え、フリーコンサルタントが活躍できる場が広がるのではないでしょうか。

2025年卒 東大・京大就活人気ランキング（6月速報）

順位	昨年同期比	企業名	業界
1	→	野村総合研究所	コンサル・シンクタンク
2	↑6	ボストン コンサルティング グループ	コンサル・シンクタンク
3	↑7	デロイト トーマツ コンサルティング	コンサル・シンクタンク
4	↑3	アクセンチュア	コンサル・シンクタンク
5	↑7	ベイカレント・コンサルティング	コンサル・シンクタンク
6	↓-4	三菱商事	商社
7	↑2	アビーム コンサルティング	コンサル・シンクタンク
8	↓-3	マッキンゼー・アンド・カンパニー	コンサル・シンクタンク
9	↑12	ソニーグループ	メーカー
10	↑3	三井不動産	不動産・建設

〈調査対象〉
東京大学・京都大学、または同大学院に所属する2025年卒予定のONE CAREER会員による、
企業別のお気に入り登録数をもとに作成。2023年5月26日時点

出典：株式会社ワンキャリア「東大・京大25卒就活人気ランキング　6月速報」

フリーコンサルタントに
なる目的は?

▼

▼

▼

「**は**じめに」でも少し触れましたが、フリーコンサルタントという職業のメリットは、自分次第で、様々な働き方を選べるところです。

業務分野や稼働率、稼働期間、勤務形態（完全リモートなど）、報酬額など、自分の希望条件に合った案件を獲得できれば、自分のやりたい仕事を、好きな場所で、好きな時間だけ働く事も可能です。

■ フリーコンサルタントを手段にして
■ 様々な働き方、生き方を実現

こうした柔軟な働き方によって、自分の得意分野を活かしてフリーコンサルタントとして活躍している人もいれば、フリーコンサルタントはあくまでも生活を支える手段として、増えた時間や収入を別の夢を叶えるために使っている人もいます。

フリーコンサルタントになる目的は、人によって様々です。

例えば、「起業して、事業が軌道に乗るまでフリーコンサルタントの仕事で資金を作りたい」という人。

新しい事業を立ち上げるには資金が必要ですし、いざ起業しても十分な利益を得るには時間がかかります。たとえ、ある程度の蓄えがあったとしても、貯金を切り崩して生活を続けるのは精神的な負担が大きいものです。また、コンサルティングファームで働いていると新事業のための時間を捻出するのにも苦労するでしょう。

その点、フリーランスになれば、案件の単価が上がるので、生活に必要な収入は確保しつつ、増えた分を新事業の資金として使えますし、時間の融通も利きやすくなります。起業への心理的ハードルが下がり、同時に、成功の確率を上げる事になるのです。最悪、事業がうまくいかなかったとしても、コンサルタントしての収入があれば、生活に困る事もありません。フリーコンサルタントの収入がセーフティネットの役割を果たします。

さらに、フリーコンサルタントの仕事を通じて、同じように起業を目指している仲間と出会えるのも大きなメリットでしょう。様々な人と関わる中で、起業に関する情報交換や新しい知見を得る事ができます。

弊社を利用してくださっているフリーコンサルタントにも、起業している方が少なくありません。食品を扱う会社を創業した方（87ページ）、化粧品のサブスクリプションビジネスを始めた方、ファッション系のフリマサイトを立ち上げた方などがいて、非常に

優秀な方が多い印象です。中には、ユーチューバーとして活動している方もいます。

　また、「ワークライフバランスを重視して自由に働きたい」という目的で独立する人もいます。
　働き方改革の影響で労働環境は変わりつつありますが、それでもコンサルティングファームは仕事量が多く、業務時間も長くなりがちです。時期によっては休日返上で業務に当たる事もあります。
　そのため、仕事も私生活も大切にしたいと考える人の中には、フリーコンサルタントになる人もいます。案件の単価によっては、週2〜3日休んでも、ファーム時代の収入を維持できます。

　実際に、趣味のカメラを楽しむ時間を増やすためにフリーランスの道を選び、3か月働いて、3か月は海外へ撮影の旅にでかけるという生活を続けていらっしゃる方がいます。ときどき、個展なども開いているようです。
　また、一旦激務から離れた事でできた自由な時間を、今後どんな仕事をしたいか、どのように働いていきたいか、自分のキャリアを考えるために使っているという人もいます。

　「独立してバリバリ働いて稼ぎたい」というのもフリーコンサルタントになる理由のひとつです。
　自分の専門性やキャリア志向に合った案件だけを選び、ファーム時代と変わらず、あるいはそれ以上の時間と労力をかけて働き、それに見合う報酬を得るのが目的です。中には、案件を3つも4つも掛け持ちし、ファーム時代の3〜4倍も稼いでいる人がいます。サ

ステナブルな働き方とは言えませんが、体が動くうちに稼げるだけ稼ぐという事も可能なのです。

他にも、「副業としてファーム時代の収入を維持したい」という目的で、コンサルティングファームから他業種に転職し、副業としてコンサルティング案件を請け負っているフリーコンサルタントもいます。ただし、日中は本業の稼働があるため、実際の稼働については日中外や土日が中心となり、その点がクライアント企業にとってネックとなるケースが多いのが現状です。一方で、もし案件獲得ができた場合は、本業と合わせるとファーム時代よりも遥かに高い報酬を稼ぐ事も夢ではありません。

フリーランスで働く人は
満足感が高い

実際、独立してフリーコンサルタントになった人たちは、思い描いたような働き方ができているのでしょうか?

フリーランス協会は、2018年から毎年、フリーランスの実態調査を行い、その結果を「フリーランス白書」として公開しています。その2023年版の「会社員時代に比べて、増えた(上がった)/減った(下がった)もの」を尋ねた結果を見てみると、満足度が上がったと答えた人は83.7%にものぼりました。そのほか、「スキル/経験」や「生産性」についても、6〜7割くらいの人が増えた(上がった)と答えています。反対に働く時間は、減ったという人が多く、6割以上でした。コンサルタントだけを対象にした調査ではありませんが、フリーランスを選んだ事で、仕事に充実感を感じている人、生活に余裕が生まれた人が多いようです。

収入については、増えたという人と変わらない人を合わせた割合が58.8%で、減ったという人も41.2%いました。しかし、コンサルタントの場合、ファーム時代と比べ、単価は高くなる事が見込めます。収入を増やすためには、継続的に案件を獲得できるかがカギになるでしょう。

会社員時代に比べて、増えた (上がった)/ 減った (下がった) もの

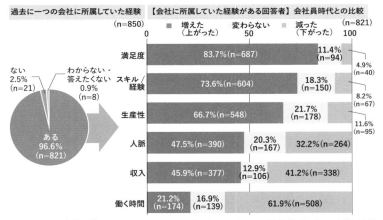

出典：プロフェッショナル ＆ パラレルキャリア・フリーランス協会「フリーランス白書2023」

フリーコンサルタントに求められるもの

　コンサルタントには資格が必要ないため、コンサルティングファームから独立する勇気さえあれば、誰でもフリーコンサルタントになることができます。ただし、自分が望むような案件を獲得し続けられるかどうかは、その人の能力次第です。

　資格がないからこそ、これまでの実績やスキルが重要になってくるのです。

コンサルタントとしての経歴が重要に

　しかしながら、コンサルタントとしてのスキルがあるかどうかは、実際の働きを見てみなければ正確には判断できません。採用の時点では、どの組織で、どのくらいの期間、どんな分野のコンサルティング業務に従事していたのか、その経歴が重要な評価基準となりま

す。これは一般的な転職活動も同じでしょう。

　フリーコンサルタントとして仕事を得るには、基本的に、大手コンサルティングファームに3年以上在籍していた事が大前提となります。

　ここで言う大手とは、MBBと言われる戦略コンサルティングファームのトップ3社「マッキンゼー・アンド・カンパニー」「ボストン コンサルティング グループ」「ベイン・アンド・カンパニー」と、BIG4と言われる総合系ファームの「デロイト トーマツ コンサルティング（DTC）」「PwCコンサルティング」「KPMGコンサルティング」「EYストラテジー・アンド・コンサルティング」、これに「アクセンチュア」を加えた8社もしくは、それらに競合する有名ファームと考えてもらえばよいでしょう。

　こういった大手のコンサルティングファームは、高いコンサルティング料に見合ったサービスの質を維持するため、優秀な人材を育てる社内研修制度をはじめとした体制が充実しています。したがって、3年在籍していれば、少なくとも基本的なコアコンサルティングスキルは十分に身につけられていると評価されやすくなります。

■ 専門分野によって
■ 独立のしやすさに違いはあるか

　フリーコンサルタントは、常に即戦力としてのスキルが求められます。戦略、オペレーション、ITなど、特定の分野に関する専門性を持ち、その分野であればどんな案件にも対応できる力が必要と考えてください。この専門性についても、コンサルティングファー

ム時代からどんなプロジェクトに携わっていたのか、職務経歴に
よって判断されます。

　また、フリーコンサルタント向け案件の数は、専門分野によっ
て差があり、最も多いのはIT PMOの案件となっています。さらに、
こういった分野の案件は、大規模で契約期間が長いものが多いため、
IT PMOを専門とするコンサルタントは、独立しても、継続的に仕
事を獲得しやすいと考えてよいでしょう。

　戦略系の案件については、以前は非常に少なく、フリーランスと
して食べていくのは厳しいと言われていました。しかし、昨今のコ
ンサルティング業界の急成長やフリーコンサルタントへの理解度・
信頼度の向上にともなって、徐々にですが案件数も増えてきていま
す。実際、戦略コンサルタントとしてフリーランスで活躍している
人の数も増加しており、戦略・業務案件を中心に扱う弊社のサービ
スだけでも、1,000人を超えるコンサルタントが登録しています。

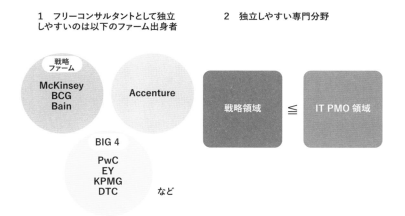

1　フリーコンサルタントとして独立
　しやすいのは以下のファーム出身者

2　独立しやすい専門分野

戦略
ファーム

McKinsey
BCG
Bain

Accenture

BIG 4

PwC
EY
KPMG
DTC

など

戦略領域 ≦ IT PMO領域

フリーコンサルタント のキャリアパス

　フリーコンサルタントになった目的によって、そのキャリア パスは異なります。起業の資金や時間を作るために独立し たのであれば、自分の事業が軌道に乗っていけば徐々にコンサル ティング案件の稼働率を減らしていく人が多い傾向にあります。そ の後は、そのまま辞めてしまう人もいれば、副業として続ける人も います。

　ワークライフバランスを重視したい人も、あくまでフリーコンサ ルタントを生活のための手段と考えている人も多いので、そのまま 続ける場合もあれば、事業会社に就職するなど、別の仕事につく ケースもあるでしょう。

　フリーコンサルタントとしてバリバリ働きたいという人は、コン サルティングのプロとして仕事を続ける事が目的なので、キャリア パスという考えは当てはまらないかもしれません。ただ中には、あ

る程度フリーランスとして実績を積み、蓄えもできたところで、仲間を集めてコンサルティングファームを創業する人もいます。

■ フリーコンサルタントを経て「ファームに戻る」という道も

　もうひとつ、フリーコンサルタントのキャリアとして考えられるのが、コンサルティングファームに再就職するという道です。独立後、しばらくフリーランスとして働いてから、ファームに戻る人もいます。

　その理由は様々で、「起業したけれどうまくいかなかったから」「独立してみたけれど、やっぱりフリーランスより会社員の方が収入が安定しているので」という人もいれば、「発注元のファームから誘われて」「会社員時代の先輩がファームを創業したので」という人もいます。

　フリーランスとしてコンサルタントをしていた経験は、個人の責任のもとプロジェクトを回す事ができ、収益に対する感度も高いと評価されます。また、コンサルタントとしてブランクがない事も再就職にプラスに働くでしょう。

フリーコンサルタントの主なキャリアパス

① 起業した事業が軌道に乗って自社事業への注力にシフト

② 事業会社に転職

③ フリーコンサルタントとしてキャリアアップ

④ コンサルティングファームに再就職

第 **2** 章

求められる
4つのスキル

①プロフェッショナル としてのマインドセット

極端な事を言えば、フリーコンサルタントには、誰でも簡単になる事ができます。コンサルタントには資格は必要ありませんから、経験さえあれば、「フリーランスで仕事をする」と決めるだけです。

けれども、継続的に仕事を得ようとなると、誰でも簡単というわけにはいきません。「選ばれるフリーコンサルタント」になるには、それなりのスキルが必要になります。それが、クライアントからの信頼に繋がるからです。

能力や仕事ぶりに不信感を持たれてしまったら、クライアントは本音を語ってくれませんから、解決すべき課題を見つけ出すのが困難になります。たとえ価値のある提案をしても、なかなか納得してくれない可能性もあります。反対に、「この人になら任せられる」

と信頼してもらえれば、ヒアリングを通して課題を見つけ出せます
し、提案した施策を積極的に受け入れ、実行に移してくれるでしょ
う。「何を言うか」も大事ですが、それ以上に「誰が言うか」が重要
なのです。

　クライアントから信頼されるコンサルタントこそ、優秀なコンサ
ルタントといえます。

　そこでこの章では、クライアントから信頼されるフリーコンサル
タントになるために必要な、以下の4つのスキルについて解説しま
す。

信頼されるフリーコンサルに必要なスキル

① プロフェッショナルとしてのマインドセット

② コンサルタントとしての基礎スキル

③ 自らを売り込むためのコミュニケーション

④ 専門分野における知見のアップデート

フリーランスになると失われがちな「プロフェッショナル・マインド」

　まず、第一に必要なのが、プロのコンサルタントとしてのマイン

ドセットです。

　実際にコンサルティング業務を提供するためには、論理的思考力やコミュニケーション力など、様々な能力が必要になりますが、その前提として必要となるのがプロフェッショナルとしての心構えです。どんなにコンサルタントとしての実務スキルが高かったとしても、プロとして真摯に仕事に臨む事ができなければ、そのスキルを発揮する場は与えてもらえないでしょう。

　では、フリーコンサルタントに必要なマインドセットと、コンサルティングファーム所属のコンサルタントとのマインドセットは異なるのかというと、実は基本的には変わりません。「クライアントファーストで、クライアント視点に立った価値提供を行う」「高度な専門性を身につけ、常に成長するためのインプットを怠らない」など、会社員とフリーランスという立場は違っても、コンサルタントという仕事をするうえで必要な心構えは同じです。

「それならば今更、説明する必要もないだろう」と思われるかもしれません。ところが、いざフリーランスの立場になると、そんな当たり前の意識さえ、持てなくなってしまう人、ないがしろにしてしまう人が多いのです。

　例えば、コンサルティングの業務を副業としている人の中には、自分の事業を優先して、打ち合わせの予定を突然キャンセルしたり、遅刻が多かったり、メールのレスポンスが遅く連絡がなかなかとれないなど、ビジネスパーソンとしての基本的なマナーさえ守れない人も少なくありません。

　もちろん、フリーコンサルタントの中には、例えば日本と時差の

ある海外に拠点を置きながらも、プロとしての仕事を全うしている人もいます。それは契約時に、「海外に住んでいるため、○時〜○時の間はレスポンスができません」といった条件を提示し、合意を得ているからです。問題なのは、そういった条件のすり合わせを行わないまま、後から「連絡は○時〜○時までにしてください」と自分勝手な要求をしたり、何の相談や報告もないまま、レスポンスが遅れたりする事です。実際、そのような人もいて、クライアントからのクレームに繋がっています。

また、少し抽象的な話になってしまいますが、プロとしての心構えが足りないフリーコンサルタントはどうしても仕事が受け身になりがちです。「効率よく稼ぎたい」という意識が働くのか、基本的に言われた事しかせず、自ら考えて行動しなくなります。コンサルタントという仕事が、新しい事業や自分の理想の生活を実現するための手段でしかなくなってしまうのです。

■ 「フリー」だからこそ必要な
■ 自分への厳しさ

なぜ、コンサルティングファームに所属していたときにはできていた事が、フリーランスになるとできなくなってしまうのか。それは簡単にいってしまえば、監視の目がなくなるからです。

コンサルティングファームで仕事をしていれば、自然と上司や同僚の目や評価を意識するものです。また、そのときどきに上司からレビューをもらうなど、教育機会もあるため、プロフェッショナルのマインドセット保つのはそれほど難しくないかもしれません。

しかし、それがフリーランスになると、たとえ手を抜いていたと

しても、叱ってくれる人はいなくなります。いつ、どこで、どのように働いても自由な反面、自分に厳しくなければ、どうしても楽な方、楽な方へと流れてしまいがちです。先に述べたようなプロ意識の低い行動に繋がります。結果、クライアントからの信頼を失ってしまう人がいるのです。

また中には「ひとつの案件がうまくいかなくても、また新しい案件を探せばいい」と考える人もいるのですが、それも長くは続きません。一度「信用できない（仕事のできない）コンサルタントだ」という評価が下されてしまうと、その評価はずっと残るからです。その評価は必ず周囲に伝わります。

案件マッチングサービスを利用していれば、クライアントからクレームが入り、本人が知らないうちに「要注意フラグ」が立つ事に。そうなると、仕事を紹介される事は二度とないでしょう。フリーコンサルタント業界は非常に狭い業界といえます。

■「プロのコンサルタント」とは？
■ 原点に立ち返って

コンサルティングファームに所属していれば、企業や組織という後ろ盾があり、その看板で仕事が得られます。しかし、フリーランスの場合は、自分自身の力で仕事と信頼を勝ち取らなければいけません。ミスをしたときには代わりに責任を負ってくれる人はいませんから、全て自分で対処するしかなく、その結果によっては仕事を失う事もあります。

フリーのコンサルタントほど、自分を律し、プロ意識を高く持っていなければ、クライアントに選んでもらえなくなるという事です。

では、コンサルティングファーム所属から、フリーへと環境が変わっても、プロとしてのマインドセットを持ち続けるためにはどうすればよいのでしょう。

まずは、プロのコンサルタントとはどんな存在なのか、改めて明確にしておく事が必要です。皆さんにとっての理想のコンサルタントとは、どんな人でしょうか。

コンサルタントは、必ずしも何かひとつの業界の専門家ではありません。例えば製薬業界のビジネスについては、実際、その業界で働いている人の方がずっと詳しいでしょう。では、コンサルタントは何のプロかと言うと、私たちは「変えるプロ」だと考えています。クライアントの持つ悩みや課題に対するベストな解決策を導き出し、その企業をより良く変えていけるのが、コンサルタントの本質的な役割なのです。

これは、決して受け身の姿勢ではできない事です。自ら動いて、できるだけお客様に寄り添わなければ、物事の本質は見えてきません。

そこで具体的に求められるのが、クライアントと同じ目線で一緒に考える姿勢です。「上に立つものは孤独だ」とよく言われますが、マネジメントの立場になると一般的に、同等の視点で物事を考えてくれる人が社内にはいなくなります。だからこそ、コンサルタントに知恵を借りたいという依頼が来るわけです。

そういったクライアントのニーズに応えるには「思考量」が必要です。クライアントと伴走しながら、課題に対して考えに考え尽くすからこそ、期待される以上の価値を提供していく事もできます。

もしかしたら、プロのコンサルタント像は人によって多少違いがあるかもしれません。しかしいずれにしても、「コンサルタントとしてあるべき姿」を常に意識する事が、プロフェッショナルとしてのマインドセットに繋がるはずです。

　それさえ忘れなければ、自分らしく働きながら、フリーコンサルタントとして活躍する事は難しくありません。それくらいフリーコンサルタントにとって、マインドセットが重要だという事です。

②コンサルタントとしての基礎スキル

　　コンサルタントとして次に求められるのが、一連の業務に必要となるエクセル（Excel）のスキル、パワーポイント（PPT）のスキル、論理的思考力（ロジカル・シンキング）です。これらはコンサルタント実務を進めるうえで、最も基礎的なスキルとなります。

　これらのスキルがコンサルタントにとって必須である事は、皆さんも当然ご存じでしょう。その必要性を語る事は、「釈迦に説法」かもしれません。

　しかし、ここであえて触れるのは、その当然身につけているべき基礎スキルにも、人によって「穴」が見つかる事があるからです。

　コンサルティングファームに所属し、チームでプロジェクトを進

めていると、作業はそのメンバーで分業する事になります。すると基礎スキルであっても、経験の多い部分と少ない部分で、能力に差が出てきます。

　一方、フリーコンサルタントになると、一人で全ての工程を進めなければならない場合もあります。また、たとえ分業する事になっても、どのプロセスを任されるのかは、その案件によって異なります。いずれの場合にも対応できるよう、改めて、自分の基礎スキルのレベルを見直してみる事をおすすめします。

■ キャリアが長くなるほど
■ 見直したい「ハードスキル」

　エクセルやPPTは、多くのビジネスパーソンにとって必要不可欠なソフトです。コンサルティング業務でも、エクセルの関数を使った表計算や情報整理のためのフレーム設計をしたり、PPTで自分たちのストーリーを分かりやすく整理し、表現した資料を作ったりと、様々な作業で必要となります。

　その際、求められるのは、ただ基本的な使い方をマスターする事だけではありません。作業の速さも要求されます。エクセルやPPTを使った作業のスピードが上がれば上がるほど、クライアントとコミュニケーションをとったり、課題を分析して解決策を考えたりする時間を長く確保できるからです。フリーコンサルタントとして、より効率的に仕事をこなしたければ、さらなる作業スピードの向上に努めるべきでしょう。

　また当然ですが、速いだけでなく、完成したものの質が高くなくては意味がありません。特にクライアントに提出する資料は、正確

性や見た目の分かりやすさが必須です。誤字脱字があったり、レイアウトやデザインがちぐはぐで見にくかったりすると、クライアントからの期待や信頼を損なう事にもなります。企業のパンフレットやホームページが同じような状況だったとき、その会社に対してマイナスな印象を持ってしまうのと同じ事です。

　ただこのようなスキルは、上司からのダメ出しを受けながら、日常的にエクセルやPPTを使った作業を行っていれば、自然に身につくものでしょう。問題なのは、資料作りは部下に任せる事が多くなったマネジャーやシニアマネジャーのような役職についている方々です。

　エクセルやPPTを使う機会が減ってしまうと、そのスキルは確実に低下します。以前は当たり前にやっていた事もやり方を忘れてしまったり、作業に時間がかかったりするようになるのです。コンサルタントとしてのキャリアが長い人ほど、エクセルやPPTを使った資料作りの腕がにぶっていないか、改めて確認しておくべきでしょう。

■ 業務のどのプロセスでも
■ 論理的思考力が発揮できるか

　もうひとつの基礎スキルである論理的思考力とは、物事を構造的に整理したうえで筋道を立てて考える思考法の事です。改めて説明するまでもないですが、クライアント企業のどこに課題があるのか、その課題を解決するためにはどんな施策が効果的なのかを考え、根拠をもとに説明するときに必要になる能力です。

これもコンサルタントであれば、身についているはずの能力ですが、そのキャリアによっては、コンサルティング・プロセスの一部しか担ってこなかったという人もいるでしょう。

　例えば、クライアントの課題や問題点を抽出する過程はいつも上司が担っていたという場合、自ら考えて課題を特定する経験が不足している事になります。

　フリーのコンサルタントとして仕事をするのであれば、その欠けた部分を補うための勉強が必要になるでしょう。

　エクセルやPPTのハードスキルも論理的思考力も、基礎的なスキルは、自分の努力次第で伸ばす事が可能です。苦手な部分がある場合は、関連する本を読んだり、研修に参加するなど、自ら動いてスキルアップに取り組みましょう。

　次ページに基礎スキルの向上に役立つ書籍を何冊か紹介していますので、そちらも参考にしてください。

基礎スキルを身につけるのに役立つ書籍

エクセル

『外資系金融の Excel 作成術 表の見せ方 & 財務モデルの組み方』
慎泰俊（著）東洋経済新報社

モルガン・スタンレーのエクセルテンプレートを作成した著者が、世界標準のエクセルシートの作り方と分析手法を解説する。
第1部では、エクセルのフォントや色、罫線の使い方といったお作法を紹介、第2部では、財務モデルの作り方を紹介している。

『コンサルタントが入社 1 年目に学ぶエクセルの教科書』
高山 俊（著）学研プラス

コンサルティングファームで新入社員向けにエクセル研修を担当する現役コンサルタントの著者による解説書。覚えるべきショートカットや、計算式と関数のしくみなどを紹介している。

パワーポイント

『外資系コンサルのスライド作成術 図解表現 23 のテクニック』
山口 周（著）東洋経済新報社

コンサルティングファームで、「わかりやすいスライドを作成する技術」のトレーニングを担当してきた著者が、グラフの作り方、チャートの描き方、スライドをシンプルにするためのヒントなどを豊富な図解とともに解説している。

『外資系コンサルが実践する 資料作成の基本 パワーポイント、ワード、エクセルを使い分けて「伝える」→「動かす」 王道 70』
吉澤準特（著）日本能率協会マネジメントセンター

外資系コンサルタントである著者が実践している、無駄なく完成度の高い資料を作成するための王道のスキルやテクニックを網羅的に 70 項目にまとめた解説書。

論理的思考力

『仮説思考　BCG流 問題発見・解決の発想法』
内田和成（著）東洋経済新報社

ボストンコンサルティンググループ（BCG）で長く活躍する筆者が「早く、よい仮説を立てる方法」や「仮説の検証方法」などをビジネスの現場でありがちな実例をもとに解説している。

『論点思考　BCG流 問題設定の技術』
内田和成（著）東洋経済新報社

企業・職場に山積みになった問題のなかから、真の問題を見つけ、それに集中するための技術を解説している。前述の『仮説思考』の姉妹版。

『ロジカル・プレゼンテーション　自分の考えを効果的に伝える
戦略コンサルタントの「提案技術」』
高田貴久（著）英治出版

若手ビジネスマンが書いた、日本の企業社会を動かすための論理思考の本。プレゼン力の根幹となる「論理思考力」「仮説検証力」「会議設計力」「資料作成力」という4つ必須基本能力について解説している。

『ロジカルシンキング　論理的な思考と構成のスキル』
照屋 華子、岡田 恵子（著）東洋経済新報社

論理的な思考と構成のスキルをマスターするためのトレーニングブック。話の重複や漏れ、ずれをなくす技術「MECE」や話の飛びをなくす技術「So What？/Why So？」といったツールを解説している。

『イシューからはじめよ　知的生産の「シンプルな本質」』
安宅和人（著）英治出版

「いま、この局面でケリをつけるべき問題＝イシュー」を見極める技術について解説している。イシューを見極めることこそ、価値ある仕事をするために必要な最初のステップである。

『[新版]考える技術・書く技術　問題解決力を伸ばすピラミッド原則』
バーバラ・ミント（著）ダイヤモンド社

マッキンゼーをはじめとする世界の主要コンサルティングファームでライティングを教える著者による文書作成術。わかりやすい文章を書くためには論理構造を正す必要があると説く。

③自らを売り込むための
コミュニケーション

「マ」ッキンゼー」や「ボストン コンサルティング」といった看板は、一種のブランドであり、そこで働く社員の価値や評価をも高めてくれます。その点、フリーランスにはその看板がないので、仕事を発注する側には少なからず、「本当に戦力となってくれるのか」「コストに見合った成果を出してくれるのか」といった不安があります。そういった発注側の不安を払拭するには、自分で自分の評判を高めていくしかありません。

そこで必要になるのが、自分の能力を売り込むためのコミュニケーション力です。

もちろん、行動や結果で示す事も重要ですが、そのためにはある程度の時間が必要になります。その間、ただ黙々と働くだけでは、評価を大きく変えられませんし、チームの中に埋もれて、「可もな

く不可もなく」な存在になってしまう可能性もあります。

■ 得意分野・不得意分野を共有し
■ 高い成果につなげる

「言われた事だけしていればいいや」という受け身の姿勢ではなく、積極的に自分の意見やアイデアを伝える機会を増やしていきましょう。その中で特にアピールすべきなのが、自分の得意分野です。

「今まで何度も同様のプロジェクトに携わっているのですが、この部分はもっとこうした方がよいのではないでしょうか」「今、余力があるのですが、〇〇の業務であれば慣れているので私が進めましょうか」などと、プロジェクトチームの中で、自分が貢献できるポイントを言葉で伝えます。

そうするうちに、得意分野について意見を求められたり、「この業務はぜひあなたにお願いしたい」と頼られる存在になれるでしょう。

ただし、何でも「できます」と安請け合いするのは逆効果です。あまり得意でない事まで引き受けて、結果的に「うまくできませんでした」では、かえって信用を失ってしまいます。不得意な事、経験が少なくて自信がない事は率直に伝える方が、期待を裏切らずにすみます。

例えば、割り当てられた仕事に得意でない業務があれば、「いただいたタスクの中の、△△についてはあまり得意でない領域なので、アドバイスをいただきながら進めてもいいですか?」などと相談を。

チームメンバーに自分の得手不得手を理解してもらう事で、得意な業務にだけ集中できれば、確実にクオリティーの高い仕事ができ

ます。効率的に、あなたの評価や価値を上げられるでしょう。

■ エンドクライアントとの
コミュニケーション量を増やす

チームメンバーに対してだけ自分を売り込めばよいのではなく、エンドクライアントへのアピールも忘れてはいけません。コンサルティングファームに所属していれば、上司がその役割を担ってくれていたでしょうが、フリーランスの場合は個人として、エンドクライアントとのコミュニケーション量を増やす事も重要になります。

例えば、プレゼンの際には「私が分析を担当した部分については、自分で説明させてください」とスピーカーに立候補する。エンドクライアントからのメールでの問い合わせに対しても、チームメンバーに任せるのでなく「私から返信しておきますね」と責任を持って対応する。このように、自分の顔と名前を出して、コミュニケーションをとりに行く姿勢を心がけます。

最終的に、「あの人がいてくれないと困る」「〇〇さんと継続して契約したい」とエンドクライアントに言わせたらあなたの勝ち。エンドクライアントに必要な人材だと認識されるくらい、存在感を示していきましょう。

こういった自分を売り込むコミュニケーション力は、案件を獲得する際の面談時にも必須の能力です。

自分で自分をアピールできる人は、実際のデリバリースキルが高い低いにかかわらず、仕事が途切れる事はありません。フリーコンサルタントとして食べていくには、コンサルティングファーム時代

以上に、コミュニケーション力が重要になってくる事を心得ておき
ましょう。

■ 日常的な会話で
■ チームに溶け込む努力を

　ここまで自分をアピールするためのコミュニケーション力の重要
性についてお話ししてきましたが、当然の事ながら、コミュニケー
ションの役割はそれだけではありません。業種に限らず、日常的な
会話や交流が仕事を円滑に進めるうえで欠かせないのは、ビジネス
パーソンの多くが実感しているところでしょう。

　特にフリーコンサルタントは、コンサルティングファームが組織
したプロジェクトチームに加わる場合が多いので、自分から積極的
にコミュニケーションをとって、話しやすい関係を作るよう心掛け
たいところです。

　自分からアクションを起こさなければ、周囲との距離は縮まらず、
業務にも悪影響を及ぼしかねません。ましてや、自分を売り込もう
とするあまり、自分のやり方や成果をアピールする事ばかりに固執
すると、チームの中で孤立してしまうので要注意です。

　進捗状況の報告・相談を小まめにしたり、仕事の話以外の雑談を
交わしたり、会話を増やして、チームに溶け込むよう努めましょう。

　現場によっては「ちょっと苦手だな」という人もいるでしょうが、
そのような相手とこそ、積極的な会話が必要です。その人の人とな
りや共通の話題を知る事で、お互いの印象がよくなる場合も多々あ
ります。様々な取引先と信頼関係を築ければ、それが人脈となり、
次の仕事に繋がる可能性もあるでしょう。

フリーランスとして食べていくためには、会社員以上にコミュニケーション力が必要である事は間違いありません。

④専門分野における知見の
アップデート

　ンサルティングファームには、プロジェクトの事例やお客
様の情報が、データベース化されていて、そこにアクセス
すれば世の中の変化や業界ごとの課題の傾向など、最新の情報を学
ぶ事ができます。また、オフィスに行けば最新の業界紙も豊富に
揃っていて、常に手に取ることができる環境が整っています。しか
し、フリーランスにはそんなシステムはありません。自ら情報源を
見つけて、そこから必要な情報を収集する必要があります。特に自
分の専門分野の最新トレンドは、常に押さえておく必要があります。

■ 様々な情報源をチェックし
■ 専門性を磨く習慣を

　昨今の経済のグローバル化やテクノロジーの急速な発展、新しい
感染症の発生、気候変動など、環境変化の大きい現代において、多

くの企業が、それらの変化に対応するためにはどうすればよいのか
という課題を抱えています。だからこそ、コンサルタントの需要が
高まっているのです。そのような企業の期待に応えるためにも、コ
ンサルタントには、常に専門分野の知識・情報のアップデートが求
められます。

特にフリーのコンサルタントにとって専門性は必要不可欠な武器
です。その武器も、何もせずに放っておいたら、古くなって錆びつ
いてしまいます。常に新しい情報をアップデートして、武器を磨い
ていなければなりません。

たとえ長期の案件を獲得したとしても、デリバリーだけに注力し
ていたら、契約終了後、気づけば世の中の変化に置いて行かれてい
る可能性もあります。デリバリーをしながら並行して、専門知識も
アップデートしていかなければならないのです。

情報収集の方法ですが、「日経新聞」や「NewsPicks」など、一般
的に広く読まれている新聞やオンラインメディアだけからでなく、
専門分野を意識した媒体もチェックするようにしましょう。業界
紙・専門紙、業界別の情報が集められているポータルサイト、海外
の専門書や学術書などにも目を通してみましょう。

正直なところ、ファーム所属のコンサルタントが皆、自社のデー
タベースを十分に活用し、新しい知識や情報の収集に努めている訳
ではありません。「ファーム時代、そんな時間はなかったし、それ
でも問題なく仕事ができていた」という人もいるでしょう。

だからこそ、フリーランスにとってはチャンスです。自由な時間

も作りやすい分、勉強時間も作りやすいはず。最新の情報やケーススタディの収集を習慣にすれば、ファーム所属のコンサルタントにも負けない専門性を身につける事は可能です。

専門分野の情報をアップデートするのに役立つ媒体の例
「ハーバード・ビジネス・レビュー」
「一橋ビジネスレビュー」
「NewsPicks」
「日経ビジネス」
「Forbes JAPAN」
「本の要約サイト flier（フライヤー）」
「https://www.fujisan.co.jp/cat1000/cat3033/」（各業界紙）

第 **3** 章

独立に向けて
動き出す

独立する前に
まず考えるべき事

「フ リーランスで働いてみたい」と思ったら何をすればよい
のか。この章では独立するまでにやっておくべき事につ
いてお話しします。

その場の思いつきや勢いだけで独立すると、結果、後悔する可能
性が大きくなります。フリーランスとして成功するためには、事前
の準備も必要です。特に疎かにして欲しくないのが、心の準備です。

■ 目的のない独立は
■ 失敗する

独立に向けて動き出す前に、まず考えて欲しいのが「何のため
にフリーランスになるのか」。あなたが独立する目的は何でしょう
か。

フリーランスとしての将来の姿が描けているかで、働くモチベー

ションは大きく変わります。明確なビジョンがある方が、成功の確率は高くなるのです。

これまでお話ししてきた通り、フリーコンサルタントは、受け身では仕事になりません。例えば、自分自身を売り込んで案件を獲得し、上司の指導や監視がない中で仕事を全うするなど、自ら動く必要があります。やる気がなければ続けられません。「ただ何となく」独立したような人だと、そこまでのモチベーションを保つのは難しいでしょう。

よくある失敗例が「会社員が向いていないから」という理由だけで、独立してしまうケースです。そのような人は大抵「会社や仕事に対する不満から解放される事」が目的なので、フリーランスとして働く心構えもモチベーションもありません。そのため、自己管理ができず、案件も獲得できなくなっていきます。

本気で独立を考えるならば、「フリーランスになってどんな働き方・生き方をしたいのか」「将来どうなっていたいのか」、ビジョンを明確にしておくべきです。
コンサルタントの場合、「自分で事業を始めたい」という目標を持って独立する人が多く、そのような人はフリーコンサルタントとしてもしっかりと結果を残している印象があります。
もちろん「フリーコンサルタントとして今より稼ぎたい」「ワークライフバランスを向上させたい」というビジョンでも構いません。その場合、「ファーム時代の〇倍稼ぐ」「〇年間で、〇〇円貯める」「〇年後には東京と沖縄で2拠点生活を始める」「1年のうち〇か月

は趣味の時間として使えるようにする」といったより具体的な目標を設定する事で、モチベーションアップに繋がりやすいでしょう。

■ フリーランスに向いている人
■ 向いていない人

　独立する目的やビジョンが明確なのであれば、そこで改めて考えるべきなのが「フリーランスという働き方が本当に自分に向いているのか」です。

　これまでお話ししてきた通り、同じコンサルタントという職業であっても、コンサルティングファーム所属とフリーランスとでは、働き方や必要になるスキルなど、異なる部分が多々あります。そのため、コンサルタントとしての優れたスキルがあっても、フリーランスに向いているとは限らないのです。

　あなたは自分がフリーコンサルタントに向いていると思いますか？　向き・不向きををよく考えないまま独立して、「こんなはずじゃなかった」と感じる方も少なくありません。

　まずは、フリーコンサルタントになると環境にどのような変化が起こるのか整理して、そのうえで改めて自分にとって「独立」がベストな選択なのかどうか検討してみてはいかがでしょうか。

　次の項目から、フリーランスコンサルタントとして働くメリット・デメリットをまとめましたので、参考にしてください。

独立のメリット・デメリットを整理する

フリーコンサルタントとして働くおもなメリット・デメリットは以下になります。

フリーコンサルタントして働くメリット

① 案件を自分で選べる

　会社員は基本的に仕事を選べません。コンサルタントファームも同じで、担当する案件は会社の方針によって決められます。特にキャリア５年未満のコンサルタントは、IT系の案件を担当した後、M&Aの案件にアサインされ、次はオペレーション系の案件へ……などと、様々な領域の案件を転々と担当しなければならない事も多いでしょう。その中で、得意領域や、やりがいを感じる領域が見つ

かっても、希望する案件を担当できるとは限りません。

　また、課題の解決策を提示するだけでなく、その実行まで伴走支援したくても、担当する案件や所属するユニット、プラクティスによっては難しく、「もっとクライアントとじっくり向き合いたい」という不満を持つコンサルタントも多くいます。

　その点、フリーコンサルタントであれば、その領域の経験がある事が前提にはなりますが、戦略系、IT系など分野や業界を絞って自分のスキルを発揮しやすい案件を選べます。自分らしくクライアントと向き合える案件、報酬の高い案件など、様々な希望に沿った案件を探す事も可能です。反対に、興味のない案件ややりたくない案件を我慢してやる必要もなくなります。

②収入が増えるケースが多い

　フリーコンサルタントになると、多くの場合年収アップが見込めます。先にも述べた通り、一般的に、ファーム時代の1.2〜1.5倍くらいの年収を得ている人が多いようです。収入の変化については、領域やキャリア別の想定収入など、61ページから、さらに詳しく説明します。

③自分で稼働を調整できる

　フリーコンサルタントの魅力のひとつは、自由な働き方です。稼働率や契約期間は案件によって異なるため、仕事の選び方で稼働率を自由に設定できます。

　実際に、フリーコンサルタントの稼働率を50%に抑えて、残りの時間で自分の事業の業務を行う人や、1年のうち働く期間を限定

して数か月の休暇をとる人などがいます。育児や介護などの事情がある人も、クライアントの許可さえあれば、稼働時間を柔軟に調整できるため働きやすいでしょう。

稼働率が100%の場合は、一般的に、1日8時間×週5日が目安となりますが、残業や休日出勤も多いコンサルタントファーム時代と比較すれば、就業時間や作業量は少なくなります。そのため、夜や休日は自分のために時間が使えますし、中にはその時間を使って、起業の準備や他の仕事と掛け持ちをする人もいます。

④好きな場所で働ける

フリーコンサルタントの場合、原則リモートワークの案件が多く、働く場所も自由に選べます。「週1回」「月1回」など定期的な対面でのミーティングが入る事もありますが、そのような条件に対応できれば、どこで働いてもOK。地方に住みながら、仕事をする事も可能です。

中には、配偶者の海外転勤などが理由で、外国に住みながらフリーコンサルタントとして働いている人もいます。時差が小さく、チームとタイムラグのないやりとりが可能であれば、クライアントの許可を得て海外からのリモートワークもしやすいでしょう。

■ フリーコンサルタントになる
デメリット

①案件を獲得するのが大変

フリーコンサルタントが収入を得るには、案件を獲得するためのアクションが必要です。ファーム時代に築いた人脈を利用する場合

は、自らセールスをしなければならないので、当然相当な労力がかかりますし、案件を紹介してくれる案件マッチングサービスを利用しても、ただ待っているだけでは仕事を獲得できません。

　例えば、コンサルタントとしてのスキルをアピールするための書類を作成したり、面談の場で自分を売り込んだりといった営業活動が必要となります（詳しくは96ページ）。いずれもファーム時代には必要のなかったアクションであるため、人によっては大きな負担を感じるでしょう。

②案件がない・稼働できないときの補償がない

　フリーコンサルタントになったからといって、必ず案件を獲得できる保証はないので、継続的に仕事ができるかどうかは、その人次第です。また、会社員と違って病気やケガで働けなくなったとき、一般的に、公的保障は受けられません。

　仕事がない時期は当然、コンサルタントとしての収入はなくなるため、フリーランスには常に、経済的に不安定になるリスクがつきまといます。特に受注できる案件の幅が狭い場合や、特定の顧客の案件に頼っている場合などは要注意です。

　加えて、フリーランスは不景気や業績悪化の影響を受けやすく、エントリーできる案件が少なくなったり、継続していた仕事が突然なくなる事も想定しておかなければなりません。

　そのため「今後も仕事があるだろうか」「病気になったらどうしよう」といった不安による精神的負担を大きく感じる人もいるでしょう。

　対策としては、病気やケガをしたとき減少した収入を補填できるフリーランス向け所得保障保険に加入する方法が考えられます。

③ バックオフィス業務の負担がある

　フリーランスにとって、入出金管理や決算業務、確定申告などの
バックオフィス業務も仕事のうちです。税理士や事務員を雇う選択
肢もありますが、その分支出が増えるため、多くのフリーコンサル
タントは自分で行っています。コンサル業務に集中したい人や、帳
簿作りが苦手な人などは、ストレスを感じる場面も多くなります。

　ただし現在は、会計ソフトや税務処理のためのクラウドサービス
などが充実しているため、上手に活用すれば、業務負担はそれほど
大きくならないでしょう。

④ 社会的信用度が低下する

　収入が不安定になりやすいフリーランスは、会社員と比較すると
社会的信用が低下する傾向があります。そのため、新たなローンが
組めなくなったり、割高な金利設定になったりする事も少なくあり
ません。「マイホームが買えない」という話はよく聞きますし、一度、
会社員に戻って家を購入し、またフリーランスに戻ったという方も
いました。

　また、収入の不安定さによる社会的信用の低下は、恋愛や結婚に
も悪影響を及ぼす場合があります。特に男性の場合、「フリーラン
スは不安定だから、将来が不安で結婚相手として考えられない」と
いう女性も少なくないため、独立が結婚の支障になる事も考えられ
ます。

■ デメリットが気になる人は
■ フリーランスに向いていない可能性あり

　独立を決める前には、以上のようなメリット・デメリットの両面を整理したところで、自分のスキルや性格、将来のビジョンなどと照らし合わせてみる事をおすすめします。フリーコンサルタントという働き方に向いているのか、将来の目標を叶える手段としてフリーコンサルタントという働き方がベストなのか、検討してみるのです。

　例えば、「住宅ローンを抱えていて不安」「営業が苦手」「経理業務はやりたくない」など、デメリットの部分が引っかかるという人は、フリーランスに向いていないかもしれません。

　また、フリーコンサルタントは、コンサルティング業務と同時に、営業やバックオフィス業務、人によっては自分の事業に関わる業務など、複数の作業を同時にこなす必要があります。マルチタスク能力や自己管理能力が低い人、コンサルティングのデリバリー業務に集中したいという人は、独立を考え直す必要があるかもしれません。

フリーコンサルタントは
どのくらい稼げるか

収入アップは、フリーコンサルタントとして独立するメリットのひとつですが、具体的にはどのくらい稼げるものなのでしょうか。

フリーランスのコンサルタントの月単価の目安相場は100万〜250万円程度です。特に120万〜180万円の月収を得ている方の割合が多く、年収にすると1,440万〜2,160万円ほどになります。

ただし、これは、年間の稼働率が100%だった場合の収入です。

フリーコンサルタントとして活躍している方の中には稼働率を抑えて、その分、起業した事業の仕事をしていたり、家族との時間や趣味の時間に当てている人も多くいます。そのため、全体の年収の相場としては1,500万円程度です。

専門領域別の
年収相場

　コンサルタントの専門領域によっても多少、想定される収入は変わってきます。ここでは戦略系、業務系、財務・会計系、人事・組織系、IT系、それぞれの月単価や年収の相場を見てみましょう。

・戦略系コンサルタントの場合

　戦略系コンサルタントは大きなプロジェクトが多く、高収入を狙いやすいと言われています。月単価は120万〜300万円程度が相場で、一般的には月額150万円を超える人が多いです。

　平均的な年収については1,500万円〜となっており、中には4,000万円を超えるケースもあります。

・業務系コンサルタントの場合

　業務改善などを行うコンサルタントの場合、月単価100万〜200万ほどが相場となっており、120万円以上の案件が多いですが、単価が低いもの、高いものまで揃っている領域といえます。

　平均的な年収は1,200万円〜2,000万円ですが、高額な案件に対応できる場合、2,500万円以上も期待できます。

・財務・会計系コンサルタントの場合

　財務や会計系は安定したニーズを見込める分野ですが、単価には幅があります。中には月100万円を切る案件がある一方で、150万円を超える高いものも多くあります。相場としては100万〜150万円で、ボリュームゾーンは120万円です。

　年収としては、1,200万〜1,800万円程度と幅広いです。

案件の特徴として、繁忙期と閑散期がはっきりしやすい傾向があります。

・**人事・組織系コンサルタントの場合**

　人事や組織系のコンサルタントの月単価は100万〜150万円前後のものが多く、高額なものだと180万円程度のものもあります。

　年収にすると1,200万〜1,800万円程度が相場ですが、2,000万円以上を目指す事も可能です。

　ただし、稼働率を抑えた案件が多いため、募集案件の多い時期に、複数の案件を掛け持ちするなどの調整が必要です。

・**IT系コンサルタントの場合**

　IT系コンサルタントはニーズが増大し続けている分野で、一般的な月単価の相場は100万〜200万円程度です。年収では1,500万

専門領域別の収入

単位（円）

専門領域	月単価（相場）	年収（平均）
戦略系コンサルタント	120万〜300万	1,500万〜
業務系コンサルタント	100万〜200万	1,200万〜2,000万
財務・会計系コンサルタント	100万〜150万	1,200万〜1,800万
人事・組織系コンサルタント	100万〜150万	1,200万〜1,800万
IT系コンサルタント	100万〜200万	1,500万〜

円前後から、2,500万円以上を目指す事もできます。特に、SAPに関連する分野の場合は高単価が期待できます。

近年はリモートでの勤務に対応しているIT系コンサルタント案件も増えてきました。

複数の案件を掛け持ちする事で、年収アップを狙いやすい状況ともいえます。

■ 職位によっても変わる
■ 月単価や年収

フリーコンサルタントの単価は、コンサルティングファーム時代の職位によっても変わってきます。

稼げるフリーコンサルになりたいと考えているのであれば、どこまで昇進してから独立するか、職位の目標を定めるとよいでしょう。

職位別の単価相場は以下になります。

・アナリストの場合（実務経験2年以上が目安）

アナリストの想定月単価相場は、85万〜125万円ほどで、1,000万円を超える年収を目指す事も不可能ではありません。アナリストが主に担当する職務は、データの調査や分析といったものになります。マネージャーやコンサルタントの補助業務が中心となるため、稼働率100%で日中のフルコミットが必要となる案件がほとんどです。

・コンサルタント〜シニアコンサルタント（実務経験3年以上が目安）

職位がコンサルタントやシニアコンサルタントの場合の月単価の

相場は100万〜200万円ほどです。1,500万円近く、またはそれ以上の年収が期待できます。

　ただ、期待できる単価が上がる分、アナリストよりも専門的な知識が求められるレベルです。クライアントに対し、自らの判断に基づいた提言ができるような知識や経験が必要とされます。

・マネジャー（実務経験7〜8年が目安）

　マネジャーの月単価の相場の最低ラインは125万円ほどで、一般的には150万円〜となります。

　コンサルタントやアナリストのマネジメントや、クライアントとの折衝が中心となるため、低稼働率の案件割合も多く、複数案件を掛け持ちされている方もよく見受けられます。

　マネジャーとして活躍できるようになれば、2,000万円以上の年収が期待できます。

・シニアマネジャー（実務経験10年以上が目安）

　多くの実績があるようなシニアマネジャーともなると予想される単価相場は非常に高く、月単価は165万円〜と想定されます。

　このレベルでフリーコンサルタントとしても経験を積んでいる方の中には2,500万円以上の年収を得ている方もいます。

・パートナー／ディレクター（実務経験12年以上が目安）

　豊富な経験や実績が求められますが、ファームでパートナーやディレクターとして活躍していた人であれば、月単価は250万以上になります。年収にすれば、3,000万円以上、さらには4,000万円以上を期待する事も可能です。

役職別の収入

役職	月単価（相場）	年収（平均）
アナリスト	85万〜125万	1,000万〜
コンサルタント 〜シニアコンサルタント	100万〜200万	1,500万〜
マネジャー	150万〜	2,000万〜
シニアマネジャー	165万〜	2,500万〜
パートナー／ディレクター	250万	3,000万〜

独立から案件獲得
までの流れ

熟考のうえ独立を決断した後は、フリーコンサルタントとして案件を獲得するための準備に入ります。ここでは案件獲得までのおおまかな4つの手順を解説します。

①退職を伝える

一般的に、転職する場合、収入が途切れないように、次の仕事を探してから上司に退職を伝えるケースがほとんどです。フリーランスとして働く場合も、独立後の仕事を確保してから辞める事は可能でしょう。

しかしながら、フリーコンサルタントの場合は違います。我々のような案件マッチングサービスの立場からすると、退職時期が決まっていない人（まだ所属先に退職を伝えていない人）に、案件を

紹介するのは難しいのです。というのも、フリーコンサルタント向けの案件は、その多くがプロジェクト開始日まで1～2週間しかなく、その場合、契約を結んでから所属先に退職の意思を伝えるのでは、プロジェクト開始日に間に合わないからです。

　各企業の就業規則によりますが、通常は退職日の1～2か月前に届け出を出す必要があります。

　独立を決めたら、まずは会社に退職の意思を伝える事から始めましょう。独立後の仕事が決まっていないにもかかわらず退職を決めるのは多少リスクがありますが、そこから人脈や案件マッチングサービスを利用して営業をすれば、何かしら仕事は見つかる可能性が高いため安心してください。

　また、既に知り合いなどから、独立後の仕事の発注や引き合いをもらっている場合、そのプロジェクトの就業開始日が調整できるのであれば、仕事が決まってから退職を伝えても問題ありません。

②独立の準備をする

　退職日までに、独立後に仕事を探すにあたっての準備を始めます。具体的には業務用のパソコンやメールアドレスの用意をしたり、事業用の口座や通帳を作ったりします。

　その他、法人化する場合は、そのための手続なども進めます。

③営業活動を行う

　案件を獲得するための営業活動を始めます。まずは、自分が独立し、フリーランスとして活動する事を周囲にアナウンスします。リンクトイン（LinkedIn）やフェイスブック（Facebook）、エックス

（X）などのSNSを利用するのが一般的です。それだけで、元同僚や先輩などの同業者や、今までお世話になったクライアントから仕事の依頼が来る事も珍しくありません。中には、これまで繋がりのなかった企業から打診がくる場合もあります。我々案件マッチングサービスも、定期的に優秀な人材がいないかSNSをチェックし、コンタクトをとったりしています。

　さらに、案件マッチングサービスに登録しておくと安心です。SNSの営業などでひとまず案件を獲得できていたとしても、今後、仕事が途切れたときに案件を紹介してもらえますし、選べる案件の幅も広がります。

　現在、フリーコンサルタント向けの案件マッチングサービスは増えているので、自分の専門領域に合ったところをいくつか探しましょう。

　案件マッチングサービスの選び方や登録に必要な手続きなどについては、4章で詳しく解説しています（104ページ参照）。

④ 契約条件を確認する

　案件の依頼や紹介を受けた後、面談などを経て内定を得たら、業務委託契約（準委任契約）を交わします。フリーランスの仕事は、業務内容、契約期間、単価、稼働率など、全て契約で決まります。あいまいな知識のまま契約を結んでしまうと、自分に不利な条件が含まれている場合もあるので、適切に契約内容を詰める必要があります。

　しかしながら、多くの人は業務委託契約を交わした経験がなく、契約書の見方や契約の仕方が分からない人がほとんどでしょう。

そこで、初めて契約を交わす際には、既に独立してフリーコンサルタントとして活躍している先輩に、一緒に契約書の内容をチェックしてもらい、契約締結の流れを教えてもらうと安心です。その際、今後、契約を結ぶ際の注意点などを確認しておくとよいでしょう。

　契約書の特に確認すべき事項については4章（112ページ）でも説明していますので、参考にしてください。

独立から案件獲得までの流れ

退職を伝える	独立の準備をする	営業活動をする	契約条件を確認する
退職の意思を伝える	PCやメールアドレスを用意する	SNSなどで独立した事をアピールする	契約の内容を確認する
退職の1〜2ヶ月前に届け出を出す	事業用の口座や通帳を作る	案件マッチングサービスに登録する	業務委託契約を結ぶ

案件の稼働率と持続性

報酬が高い事がフリーコンサルタントの魅力のひとつですが、いくら単価が高くても、案件を継続的に獲得できなければ、高収入を維持できません。そこでここでは、案件の持続性について解説します。働き方や案件選びの参考にしてください。

　前提として知っておいていただきたいのが、稼働率や分野によって、案件の持続性には違いがあるという事です。

稼働率の低い案件は競争率が高い

　フリーコンサルタント向けの案件を稼働率で分類すると、最も多いのは稼働率100%の案件で、全体の7割にのぼります。そのため、専業のコンサルタントとして、1日の稼働時間(日中8時間)全てをその案件に割けるのであれば、案件は持続的に獲得しやすいといえ

ます。

　100%コミットが求められる案件の例としては、IT系など大規模案件のPMOロールや、戦略系など比較的小規模だが短期間・少人数での遂行を求められる案件などが挙げられます。

　一方で、低稼働率の案件は全体の3割と少ないのですが、実は、希望者が多いのはこちらの方です。起業して自分の事業を始めた人や、アーリーステージのベンチャーで働いている人など、兼業のフリーコンサルタントが多くいるからです。

　そういう人たちに人気なのが、稼働率40〜60％の案件です。1日の稼働時間を40〜60％程度の3〜5時間に抑えるか、働く日数を1週間のうち2〜3日に抑えて、残りの時間をもうひとつの仕事に使っているようです。

　比較的低稼働な案件には、戦略系などの比較的小規模な案件や、IT系など大規模な案件の一部のタスクのみを担当する案件などが挙げられます。

　いずれも少ない案件に多くのフリーコンサルタントがエントリーするケースが増加しているため、案件獲得の難易度が比較的高くなります。そのため、保有しているスキルや経験にもよりますが、自分の希望通り稼働できる可能性はあまり高くありません。働きたくても働けない時間ができると、その分、収入が減り、高給を常に維持する事は難しくなるでしょう。

　案件が見つからないという状況をできるだけ避けるためには、案件獲得の努力を続ける必要性があるという事を念頭に置いておく必要があります。

案件の分野と
持続性の違い

　ただし、稼働率100％の案件であれば、全て持続性が高いかというとそうとは言い切れません。案件の分野によって、比較的、継続的に仕事を得やすい分野と、そうでない分野があります。

　例えばIT系はプロジェクトの規模が大きく、必要になる人数も多いため、案件数が多い分野です。長期間に及ぶプロジェクトも多く、単価も比較的高い傾向があります。報酬が高いため期待されるパフォーマンスも当然高くなりますが、その期待値を満たすパフォーマンスを安定的に出せれば、長期的に継続して案件を獲得し続ける事も可能です。そのため、一般的にIT系のコンサルタントが、最も独立しやすいと言われています。

　対して、戦略系や業務系の案件は、IT系に比べると案件の数が少なく、2〜3か月の短期で終わるものが多い傾向があります。案件と案件の間にブランクができやすく、年間で見ると、実際に稼働できるのは平均10か月程度になります。
　ただ、IT系の案件に比べて報酬が1〜2割程度高いため、稼げる時にしっかり稼ぎ、稼げない時は別の事業に集中するなどメリハリを持って取り組む事も可能です。
　いずれにしても、競争率が高い中で案件を獲得する必要があるため、常にスキルアップに励み自分の価値を上げ続ける努力が求められます。

　ちなみに案件分野にかかわらず、年始から年度末に向けては、予

算消化のため、案件数が増える傾向があります。結果、その直後の
4〜5月は、比較的、案件が少ない時期となります。

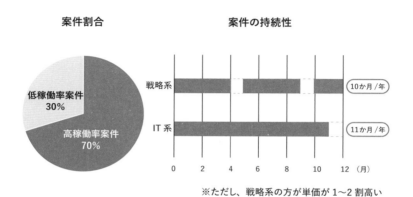

案件割合

低稼働率案件
30%

高稼働率案件
70%

案件の持続性

戦略系　　10か月／年

IT系　　11か月／年

0　2　4　6　8　10　12　（月）

※ただし、戦略系の方が単価が1〜2割高い

独立後のキャリア

独立に際して、「本当にフリーランスとしてやっていけるのか」という不安は誰しもが持つものです。一時的には食べていけたとしても、一生フリーコンサルタントを続けられるのか、もし続けられない場合はどうしたらいいのか、といった疑問を持つ人もいるでしょう。

そこで、ここでは先輩フリーコンサルタントたちは、どのようなキャリアを積んでいるのか、その傾向をご紹介します。

フリーコンサルタントを続ける人
新しい事にチャレンジする人

フリーコンサルタントを専業としている人たちのキャリアは大きく3つです。それが「フリーコンサルタントを続ける」「フリーコンサルタントをやめて事業を始める」「再就職する」で、その割合は、

我々の知る範囲ですが、5対3対2くらいになります。

　つまり、約5割の人が、結果的にフリーコンサルタントをやめているという事になります。しかも、このデータはここ2〜3年の動向をもとにしているので、独立後、短期間のうちにコンサルタント以外の道を選ぶ人も多いのです。

　これは、フリーランスになっても十分食べていける事が広く知られるようになり、独立・起業のハードルが下がった事が一因だと考えられます。フリーコンサルタント向けの案件マッチングサービスが増えている今、フリーランス向けの案件情報は誰でも見る事ができますし、プロジェクトでフリーコンサルタントと一緒に働いた経験がある方も多いからです。そのため、特に若い世代には、将来の希望を目標に、具体的な事業内容が決まっていないうちに独立し、フリーコンサルタントをしながら新しい事業のアイデアを探すという人も多くいる印象です。

　再就職している人についても、コンサルタントファームに戻る人は少なく、ベンチャー企業に就職したり、知人が立ち上げたスタートアップ起業に合流するなど、新しい業界へチャレンジする人が多く見られます。

　フリーコンサルタントは、よりやりがいのある道を探しながらフットワーク軽くキャリアチェンジしていくためのひとつのステップとなっているようです。これも、一定のキャリアとスキルがあれば、高収入が見込めるフリーコンサルタントの強みだと言えるでしょう。

一方、フリーコンサルタントを続ける人の中には、少数ですが50歳以上、中には60歳以上の人もいます。ただし、案件マッチングサービスが紹介する案件には、50歳以上の人にマッチするものは少ないのが現状です。フリーコンサルタント向けの案件は、現在のところ、ファームからの依頼が多いため、プロジェクトチームの一員として細々とした業務もこなしてくれる若手〜中堅の人材を求めているケースが多いのです。長くフリーコンサルタントを続けたいのであれば、50歳までに直接仕事の依頼をもらえるような人脈を作っておく必要があるでしょう。

この他、フリーコンサルタント数名でコンサルティングファームを作り、法人化するケースも見られます。

兼業フリーコンサルタントが選ぶキャリアは……

一方、自分で事業を興したり、アーリーステージのベンチャーで働きつつフリーコンサルタントとして働いている人の場合はどうでしょうか。

起業やアーリーステージのベンチャーはリスクも大きく、成功確率も低いため、別事業が失敗に終わってしまい、再就職するケースも多くなっています。そうした場合の再就職先はコンサルティングファーム出身者と同じく、事業会社やベンチャーなどがほとんどですが、コンサルティングファームに戻るケースもあります。

もちろん、自分の事業が成功するケースもあって、その場合、収入が安定した頃にフリーコンサルタントの仕事をストップする人もいます。自分で起業した会社も再就職先としてカウントすると、ほぼ90%程度が再就職をしている状況です。

残りの10%は、ワークライフバランス重視などの理由で、報酬が低くても稼働率を抑えて仕事をしている方です。

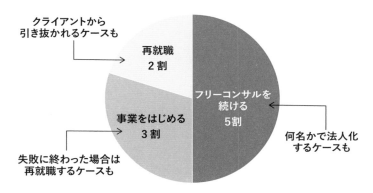

フリーコンサルとしてのキャリア

クライアントから
引き抜かれるケースも

再就職
2割

事業をはじめる
3割

失敗に終わった場合は
再就職するケースも

フリーコンサルを
続ける
5割

何名かで法人化
するケースも

コンサルタント同士の交流

独立すると、いつでも相談できる上司や同僚がいないので、孤独だというイメージがあるかもしれません。しかしながら、そこで孤独を感じるかどうかは、その人の意識次第です。

実は、フリーランスで活躍しているコンサルタントの多くは、同業者と積極的に交流する場を作って、横の繋がりを大切にしています。

同業者のネットワークづくりは
営業活動の一貫

コンサルタント同士のネットワークができれば、その中で仕事についての相談や情報交換ができます。

例えば、フリーランス同士なら、どんな分野・条件の案件が多いのか（あるいは少ないのか）といった情報を交換したり、お互いの

単価相場をすり合わせることができます。現在のマーケット状況を把握するのに役立ち、今後の単価交渉や案件探しに役立てる事ができるのです。

　また、フリーコンサルタントとして活動しながら起業した人、あるいは起業を目指している人にとっては、同じような立場のコンサルタントとの交流は刺激となりますし、時には事業のヒントを得られる事もあるでしょう。

　そのような関係性が、将来の仕事に繋がる事も珍しくありません。たとえすぐには仕事に繋がらなくても、一度、一緒のプロジェクトチームで働いたファーム所属のコンサルタントが、数年後、仕事を発注する立場になり、直接、仕事を依頼してくれる事だってあるのです。

　フリーコンサルタントにとって、仕事関係の人との交流は、営業活動の一環でもあると心得ておきましょう。

■ フリーランスだからこそ
■ 人間関係が重要

　では、コンサルタント同士のネットワークを作るには、どうすればよいのでしょうか。

　ファーム所属のコンサルタントと同様、フリーコンサルタントも仕事を通して知り合う機会はあります。プロジェクトメンバーに複数のフリーコンサルタントが含まれている事は少なくないからです。仕事の場だけでは深い話もしづらいので、雑談で距離を縮め、さらには食事などに誘ってざっくばらんな話ができる関係を築ければベストです。

また、コンサルタント同士の交流会に参加する方法もあります。横の繋がりを利用して、知り合いの知り合いを紹介してもらうといったケースが多いですが、SNSや集客プラットフォームの「こくちーず」などで募集されている事もあります。やる気があれば、自分で交流会を開催してみるのもよいかもしれません。

　人間関係の煩わしさがない部分がフリーランスの良いところと考える人もいるでしょう。確かに会社員と違って、誰と付き合うかは自分で選べますが、結局、仕事は一人ではできません。特に人脈が案件獲得にも直結するため、フリーランスだからこそ、人との付き合いを丁寧に大切にしたいものです。

フリーコンサルタントの働き方 ①

大村遼平さん（33歳／男性）

大学卒業後、大手コンサルティングファームに入社し、4年ほど在籍。その後、官民ファンド、戦略系コンサルティングファームを経て、コンサルティング歴8年で独立。フリーコンサルタント歴は約1年。

■時代や世の中に左右されず自分の力で成り立つビジネスがしたい

学生の頃から、独立志向が強く、将来は何か自分でビジネスを始めたいと考えていました。それは、自動車部品の製造会社を経営していた父親の存在が大きく影響しています。

私が幼少の頃にバブルが崩壊、しばらくは不景気な時期が続いておりました。その間、製造業の下請け会社は軒並み業績不振に陥り、徐々に、倒産に追い込まれる会社も増えていきました。子どもながらに、そういった世の中の変化に対しては思うところもあり、いつしか「時代の流れや世の中の経済状況、所属している組織の方針などに左右されず、どんな状況でも、自分の身ひとつでビジネスを成立させられる人になりたい」と考えるようになったのです。

私がコンサルタントという職業を選んだのも、将来の独立を見越してビジネスを学びたいと思ったからです。

業務系のプロジェクトを通して、企業経営に必要な業務のオペレーションを、さらに戦略系プロジェクトでは意思決定層の思考や役割、そこにどんなコンサルテーションができるのかを学びました。そして、コンサルタントとしてひと通りのビジネススキルを身につ

け、自分なりに「一人前になれた」と思えたタイミングで独立。自分の事業については、フリーランスとして働きながら、起業に向けたアイデアをブラッシュアップしていこうと考えていました。

　独立後、約1年たった現在は、2つの事業について、少しずつ動き始めているところです。働き方のバランスでいうと、8割がコンサルティング業、残りを自分の事業に当てています。
　コンサルティング業だけでいうと、稼働率が実質80%ほどの案件（契約上は稼働率100%・契約期間は半年〜1年弱）と、その他、稼働率契約ではない案件を並行して1〜2つ請け負っています。感覚としては、合わせて稼働率100%を超えるくらいでしょうか。

　トータルの労働時間は、ファーム時代とあまり変わっていません。ただ、どの時間帯に、どこで、どう働くかは自分の都合で調整できるので、その点では自由度が高くなったと感じます。土日も働く事が多いですが、日によっては朝は自分の事業に時間を当て、それ以降の時間はコンサルティングワークに当てるといった動き方をする日もあります。また仕事の状況によって休日を調整する事もできるため、あまりストレスは感じていません。

■**独立後、大きく変わったのは 裁量権の大きさ**
　独立して最も変わったところといえば、仕事に関わる裁量権の大きさです。
　自分がどんな仕事をしたいのか、どんなふうに成長していきたいのかによって、引き受ける案件を自分で決める事ができます。例えば、ファーム時代、経験を積ませていただいた業務系や戦略系と

いった案件を重点的に取り組んだり、また、今後も拡大が予想されるDX推進に関わる案件を積極的に選んで経験値を積んだりする事が可能になりました。

その一方で私としては、選択肢を狭めすぎない事も重要だと考えています。マーケットの状況によっては、必ずしも自分が理想とする案件が見つかるとは限らないからです。ですから、声をかけていただいた案件や、自分が対応できそうな案件であれば、チャレンジングな部分があってもなるべく引き受けるようにしています。その中で、クライアントとよい関係を築き、中長期的なお付き合いにつなげたいというのが私のスタンスです。

ちなみに、独立後、フリーランスとして携わった案件は、過去に在籍したコンサルティングファーム時代にお世話になった方々からのご紹介で受けたものと、案件マッチングサービスを介して請け負ったものがあります。今のところ登録しているのは1社だけですが、それでも複数の案件を比較できるのでマーケット状況の把握に役立ちますし、条件の交渉や契約締結など、案件マッチングサービスの担当者が間に入って進めてくれるので非常に助かっています。

■「オーナーとして」仕事に臨む意識も変化
コンサルティングワークでも、直属の上司がいない分、与えられる裁量は大きくなっています。例えば、プロジェクトのスコープ（業務内容）設定や調整を任される事が増えました。
ファーム時代はマネジャーやシニアマネジャーといった役職を持つ人にその決定権があり、加えて会社の方針にしたがって業務を進

めなければなりませんでした。それが現在は、「自分はこうしたい」「このように進めたい」といった自分の意見を、クライアントにプレゼンする機会も多くなっています。

　その分、当然ながらお客様からの期待も、自身の責任も大きくなりますが、今はそのプレッシャーよりも、やりがいの方が大きいと感じています。

　そこには意識の変化が関係しているのかもしれません。

　独立を経て、「自分はオーナーである」という意識が強く芽生えました。その意識は自分の事業だけでなく、コンサルタントとして働くうえでも変わりません。重要なのは、いちビジネスオーナーとして、自分がお客様に対して高い価値を提供するために、やるべき事をやるという事。それがフリーランスとして働く醍醐味でもあると思います。

　またフリーコンサルタントは、責任や期待値が大きくなった分が、報酬に反映されます。私の場合は、月によって変動はありますが、ファーム時代の収入と比較しておよそ2〜3倍弱となりました。働きに対する報酬への納得感が高いところも、フリーランスになるメリットのひとつだと思います。

■コンサルティングスキルをさらに磨き
　できるだけ長く仕事を続けたい

　今後の目標ですが、まずは目の前にあるコンサルタントとしての仕事に力を注ぎ、お客様に満足していただける成果を出す事が優先事項だと考えています。それが契約更新や新規の契約に繋がると思

うからです。

　何十年も先の長期的な目標については、今は無理に立てても意味がないと思っていますが、自分がやってみたいと思う事、興味がある事に、少しずつ手を広げていきたいというのが希望です。
　そのうえで、できるだけ長く、フリーコンサルタントとして、何かしらのプロジェクトに関わっていきたいとも考えています。やりがいある仕事であるのも理由のひとつですが、それよりも、自分が積み上げてきたコンサルティングスキルが落ち、コンサルタントとして価値提供できなくなってしまうのはもったいないという気持ちが強いです。また、自分が安定して収益を上げられる仕事ですから、心の安定剤として確保しておきたいというのも本音です。

　ただ、40代、50代と年齢を重ねていけば、いつまでもコンサルタント一本で働くのは難しくなっていくので、今後は少なくともチームを率いたり、マネジメントしたりする仕事を作っていかなければなりません。自分のビジネスの成功を目指しつつ、コンサルタントとしても成長できるよう、計画的に仕事に取り組んでいきたいと思います。

フリーコンサルタントの働き方②

原賀 健史さん（33歳／男性）

大学卒業後、外資系化学・素材メーカーへ就職し、その後、大手外資系コンサルティングファームに4年弱在籍。家電メーカーのマーケティング部門を経て、独立。フリーコンサルタント歴は約1年。

■会社員時代に起業した事業のためフリーコンサルタントに

私は現在、フリーコンサルタントとして働きながら、加工食品の製造・販売業を立ち上げ、経営しています。商品のレシピ作り、パッケージデザイン、委託工場での生産、マーケティング、営業、全ての工程を、基本的に私一人で担当しています。

ハードワークが続くコンサルタントは、食事の時間も満足にとれず、ゼリー飲料やバータイプの栄養補助食品などで簡単に済ませる事も多くなります。そういった私自身の経験をもとに、「忙しくてもおいしく食べられて栄養もとれる、そんな身体も気持ちも豊かになるような食品を作ろう」と、商品を企画したのが始まりです。

もともと家電メーカーに勤めていた時代に副業として起業したのですが、それではどうしても、時間とお金の制約が生まれます。いくらリモートワークが許されていても、自分の事業に費やす時間を捻出するのは苦労しますし、給料に関しても、事業に十分に投資できるほどではありません。

そこで選んだのが、独立してコンサルタントとして働きながら、

事業拡大を目指す道です。自分のスキルを活かせる事、単位あたりの報酬がよい事、時間の融通がつきやすいところ、この3点がフリーコンサルタントを選んだ理由です。

　現在は、稼働率60％の契約でフリーコンサルタントとして働きながら、創業した事業の仕事もこなしています。

　1日のスケジュールは流動的ですが、朝と夕方〜夜に自分の事業の業務を行い、日中はコンサルタントの業務に当てる事が多いです。昼間にも、自分の事業の打ち合わせや営業のアポイントなどが入る事がありますが、その場合も、適宜、スケジュールを調整する事ができるので助かっています。

　また、収入も増えたので、その分、多くの資金を自分の事業に投資できるようになりました。

■自分でコントロールできる要素を増やし、フットワーク軽くアイデアを実現するために

　私が起業を考え始めたのは、大きな組織の意思決定の遅さやチャレンジしにくい環境などにうんざりした部分があったからです。外資系企業では、日本の事情を理解していない本社から横槍が入ったり、コンサルティングファーム時代に見た大企業でも組織の様々なしがらみに苦労しました。

　そんな中で「もっとフットワーク軽く、自分の思った事、信じた事を実現できる環境に行きたい」と考えるようになりました。そこで、もう少し規模の小さな電機メーカーに勤めたのですが、そこでも自分の考えを通すのは簡単ではありませんでした。風通しのよい会社で、社長にも自分の意見をぶつける事はできたのですが、考え

が相容れず、喧嘩になる事もしばしば。そこで創業者でもある社長にこう言われたんです。

「君の言っている事も分かる。ただ、この会社は私が作った会社。だから最終的には私の考えを尊重して欲しい」。

至極もっともな意見で、納得するしかありませんでした。自分でコントロールできる事を増やすためには自分の会社を作るしかありません。そこで、起業を目指す事にしたのです。

その後、自分が考えたアイデアを形にしたのが、現在の事業です。

自分が納得のいく良いものを提供して、お客様に喜んでいただく。自分が誇りを持てる商品やサービスを提供するビジネスをしたいと考えています。

一方で、フリーコンサルタントはその事業を成功させるための手段なので、案件を選ぶうえで最も大切にしているのは条件です。時間の融通が利いて、一定以上の単価がもらえるような案件を選んでいます。

ただ、稼働率50～60％の案件は、もともと数が少なく、私のような兼業コンサルタントからのニーズも高いので、おのずと競争率は高くなります。私の場合は、タイミングよく案件マッチングサービスの担当者から希望条件に合った案件を紹介してもらえたので、運が良かったです。

■ **情報を集めて納得したうえで独立後のギャップを最小限に**

独立にあたっては、既にフリーランスとして働いていたファーム時代の同僚や、企業にフリーコンサルタントを紹介する案件マッチングサービスの会社をやっている知り合いなど、複数人に話を聞き

ました。フリーコンサルタントの需要や稼働率などについて十分情報を収集したうえで、「これならやっていけそうだ」という目算が立ったので、フリーランスとして独立する事を決めたのです。

そのため、独立後、「こんなはずじゃなかった」と焦ったり、苦労したりした事はあまりありません。

強いて困った点を挙げるとすれば、直属の上司がいないため、ファーム時代のように気軽に相談はできない点でしょうか。

プロジェクトマネジャーなど、ジョブ上の上司にあたる人はいますが、私はあくまでもフリーランスの立場なので、その人に私を教育・指導する義務はありません。どちらかといえば、プロジェクトの責任者は私を値踏みする立場にあります。そこで、非効率な相談をしてしまうと、自分の評価を下げてしまう事にもなりかねないのです。

気軽に相談できない分、相談の頻度は減りました。だからといって一人で抱え込むと成果物の質にも関わります。疑問点や不明点が出てきたときには、要点を整理し、自分なりの答えも用意したうえで相談するようにしています。

■事業を拡大しつつ、中小企業のコンサル事業も手掛けたい

一方、フリーランスになってよかったと感じる点は、やはり時間の融通が利くようになったところです。契約にもよりますが、フリーコンサルタントは基本的に、決められた稼働率を守り、外せない打ち合わせなどにも対応できれば、残りの時間は自由に使う事ができます。必要なときに、日中、取引先に出向く事ができるなど、

働き方を柔軟にデザインできるのは、私にとって大きなメリットです。

　今後は、起業した事業を軌道に乗せ、ゆくゆくは従業員も雇って会社を大きくしていく事が目標です。

　同時に、自分の会社で、中小企業のコンサルティングを手掛けていけたらと考えています。現在も焼肉店のコンサルティングを請け負っているのですが、中小企業であれば、意思決定も早く、様々な課題解決の施策をタイムリーに実行に移す事が可能です。企業の社長と二人三脚で事業拡大を目指すような、面白い仕事をしていきたいと思っています。

第4章

▼
▼
▼

自分だけの
案件を
獲得する

オファー獲得に向けて
動き出すうえで
必要な事

3章でも少し触れましたが、フリーランスとして仕事を得るには、そのための準備が必要です。そこでこの章では、独立後、案件獲得に向けて何をすればよいのか、具体的な方法について説明します。

他のフリーコンサルタントを意識した
営業活動が必要

まず、準備を始める前に、心に留めておいて欲しい事があります。

案件を獲得するには、フリーコンサルタント間の競争に勝たなければならないという事です。

これは主に案件マッチングサービスを利用する場合になりますが、1つの募集案件には、通常、複数のフリーコンサルタントがエントリーします。クライアントはその中から、条件のよい何人かを選び、

さらに最も適任だと思う人物に仕事を発注する事になります。これは、何もフリーランスの営業活動に限った事ではなく、就職・転職活動においても同様でしょう。

　仕事を発注してもらう立場からすると、対クライアントばかりを意識しがちですが、実は、そこには見えないライバルが存在します。その事を忘れてはいけません。

　ライバルとの競争で勝ち抜くには、他のフリーコンサルタントに比べて自分はどう優れているのか、どんな価値を提供できるのかを明確にする事、さらにそれをクライアントへ分かりやすく伝える必要があります。

　具体的には、まず、自分を売り込む職務経歴書や自己紹介資料を作成します（100ページ参照）。自分の実績やスキルを紙面に落とし込み、可視化するのです。そうする事で、自分の強みがより具体的に見えてきます。自分の強みが伝わる資料を作り込みましょう。クライアントとの面談は、その強みを直接、アピールする場になります（119ページ参照）。

　また、自分をうまくアピールするには、クライアントが何を期待しているのかを正確に理解しておかなければなりません。エントリーする案件の概要を確認して、クライアントの期待値を読み取っておきましょう。例えば、どんな専門性、どの程度の経験値（コンサルティングファームで言うとランク感）やスキルが求められているのかといった事を正確にイメージできるようにします。そのうえで、クライアントの期待に応えられる実績やスキルを持つ事をアピールしていく事が、案件獲得に繋がります。

案件獲得の準備①
職務経歴書や
自己紹介資料を書く

　　フリーコンサルタントが案件を獲得するために、必要になる
のが「自分は何者か」を説明するための資料です。それが職
務経歴書や自己紹介資料で、まずはこれらの書類作りに取り掛かり
ましょう。

■ 職務経歴書で
■ 専門性やスキルをアピールするには

　職務経歴書は、フリーコンサルタント向け案件マッチングサービ
スに登録する場合に必要となります。その名前の通り、これまでどう
いった仕事を経験してきたのか、その内容や成果を記載した書類
です。転職の際にも必要になるので、作成した事のある方もいるで
しょう。しかしながら、これまでの職歴をただ時系列順に並べるだ
けでは、フリーコンサルタントの職務経歴書としては不十分です。

多くのコンサルタントは、そのキャリアの中で、様々な分野の案件に携わります。その実績を並列にしてしまうと、あなたの専門性が見えにくくなってしまいます。

職務経歴書では、自分が獲得したい案件とマッチする実績が豊富である事をアピールしなければなりません。

例えば、戦略コンサルタントとして仕事を得たいのであれば、自分が携わった代表的な戦略分野のプロジェクトを3つほどピックアップし、そのプロジェクトや担当した業務の内容などを詳しく記載します。そうする事で、戦略コンサルタントとしての専門性やスキルを持っている事が明確になります。

残りの職歴については、その下に箇条書きで簡単に記しておくくらいでよいでしょう。そこには、自分の専門分野以外の仕事も含め、幅広い経験を持つ事が分かるように様々実績を記載しておきます。

ただし、ページ数が多すぎると、きちんと読んでもらえませんし、読み手への思いやりがないと捉えられてしまいます。そのため、職務経歴書は2〜3枚程度に抑えるようにします。

さらに、職務経歴書で見られているのはその内容だけではありません。その形式や読みやすさなどから、「資料作成能力」が測られます。

誤字脱字が多いのは論外ですし、「主語・述語の繋がりが正しくない」「助詞や接続詞の使い方が間違っている」などの伝わらない文章、形式が不揃い、使っている文字（漢字、ひらがな、カタカナ）や「ですます調」のばらつき、読みにくいレイアウトなどが見られると、プロジェクトのアウトプット品質の担保もできないので

はないかとみなされます。そのうえで全体としてしっかりと文面が構造化されて統一感があるかどうか、記載内容の粒度が揃っているかどうかといったコンサルタントとしての基礎スキルも同時に測られます。また、本来は表計算ツールであるエクセルを使って作成した職務経歴書も、あまり良い印象を持たれないでしょう。

「この程度でいいだろう」と手を抜いて作成した職務経歴書は、足切りの材料にされてしまいます。コンサルタントがクライアントに提出する資料として恥ずかしくないものを作成するよう心がけなければなりません。

■ 案件マッチングサービスを介さない場合は 提案書と自己紹介資料を用意

　自らの人脈で、仕事の引き合いをもらった場合、職務経歴書は特に求められない場合が多いのですが、その代わり、提案書が必要になります。コンサルティングファームが、案件を獲得するために、クライアントに対して提案書を提出するのと同じです。案件の概要を伺ったうえで、クライアントが抱える課題解決に対する提案書を作成しましょう。

　さらにフリーコンサルタントの場合は、その提案書と一緒に、「自己紹介資料」を提出する必要があります。これは、自分の経歴や強み、専門性、これまで携わったプロジェクト例をパワーポイントのスライド1～2枚にまとめたものです。この場合も職務経歴書と同様、自分の専門性が伝わりやすいように記載する事も大切です。通常は提案書の中に組み込む形でクライアントに提出します。

職務経歴書も自己紹介資料も、一度作成すれば、その後は適宜、カスタマイズして使用できます。フォーマットとして問題なく使用できるよう、最初にしっかりと作り込んでおきましょう（次ページ参照）。

職務経歴書①

職務経歴書

令和●年●月現在
●●●●

【職務経歴サマリー】

　新卒でS社に入社した後、Dコンサルティングにおいて約3年間、コンサルタントとして、消費財、製造、エネルギー業界におけるマーケティング戦略、事業性評価、業務プロセス構築等のプロジェクトを経験。

　その後、Bコンサルティングでは戦略コンサルタントとして、主にWEBメディア業界のマーケティング戦略、新規事業の検討支援、各戦略の実行支援等、幅広いテーマに関与し、クライアントの課題解決を総合的に支援。

　クライアント常駐を通じた中長期でのコンサルティング提供機会も多く、グルメサイトにおけるプロジェクトでは、中期事業計画策定とそれに伴う営業、メディア、プロダクト改革プロジェクトを約5年に亘り支援を行い、戦略の上流から実行まで顧客に張り付いたサポートを提供。FY●●における、社内MVP表彰も経験。

　中でも課題仮説の構造化並びに、それを検証する際の定量分析を強みとしており、財務インパクトなど成果にコミットした改革を併せて推進することで、クライアントの抜本的な課題解決を支援してきた。

※ この部分だけで案件にフィットしそうかどうか、初期スクリーニングがかかるため、自身の経歴を「伝わりやすく」書くことを意識して、クライアントがこちらを読むだけである程度の職歴や強みを把握してもらうように意図するとよい。
※ 自己PRを含め、とにかく情報量を盛り込みたい気持ちもわかるが、バランス感のない人だと思われてしまうため、情報は必要最低限に盛り込む。

職務経歴書②

【特筆スキル】

（1）消費者調査／定量分析スキル
マーケティング関連の PJ をこれまで 20 件以上経験しており、…
（2）グローバル案件対応スキル…
（3）現場コミュニケーション／マネジメントスキル…

> ※ 特に PR したい経験やスキルを3点箇条書きで記載し、各項目の下に概要説明を
>   書く。
> ※「どの様な案件を獲得したいか」という観点でスキルを記述するとよい

【職務経歴詳細】

株式会社B／ 2017 年 11 月〜2021 年 2 月	
期間	職務内容
2017 年 11 月〜 2021 年 2 月	IT 企業における「WEB メディア中期事業計画の策定／実行支援」。 【ポジション】 コンサルティング／マネジャー 【プロジェクト概要】 店舗からの掲載／送客手数料を頂戴する●●事業は売上成長が続くものの、年々伸長率が鈍化しており、既存の戦略を見直す必要性があった。 そのため、事業の成長ポテンシャルを定量的に評価した上で、中長期で目指すべきゴールを明確化し、実施中の施策を再検討することとなった。 【自身の役割と貢献】 社内蓄積データや現場ヒアリングを基に、各 KPI の最大ポテンシャルを試算。目指すべきゴールのオプションを複数設定し、クライアントとの議論を通じて磨き上げることで実現性の高いゴールを設定。その後、策定した事業計画を実現するための現場改革プロジェクトを約 3 年以上に亘り、常駐しつつ支援を行うこととなった。
2017 年 8 月〜 2021 年 11 月	製薬企業における… 【ポジション】 …

> ※ 基本的には最新の時系列形式でプロジェクト詳細を記載するのが一般的だが
>   必要に応じて、PRしたい職歴や経歴を上にもってきた方が良いケースもある。
> ※ 文章は長すぎず簡潔にまとめる。構造化も必須であり、通常のコンサルティング
>   ワークのアウトプット作成と同様と考えるべき。詳細は面談時に伝えればよい。

第4章 自分だけの案件を獲得する

職務経歴書③

Dコンサルティング合同会社／ 2014 年 11 月〜2017 年 10 月	
期間	職務内容
2014 年 11 月〜 2017 年 10 月	【ポジション】 コンサルタント〜シニアコンサルタント 【主要プロジェクト概要】 2017 年 4 月〜 2017 年 10 月： 　　電力グループ子会社における赤字事業の事業性評価 2016 年 9 月〜 2017 年 3 月： 　　日系食品メーカーのマーケティング戦略立案 2015 年 11 月〜 2015 年 12 月： 　　電力会社における新規事業の業務プロセス構築支援など

※ 直近ではない過去の PJT もクライアントに刺さる内容があるかもしれないので、
　簡条書きで書いておくとよい
※ ただし、詳細を盛り込んでしまうと経歴書のボリュームが多くなってしまうため、
　濃淡をつけて必要最低限にとどめておく

S 株式会社／ 2013 年 4 月〜2014 年 10 月	
期間	職務内容
2013 年 4 月〜 2014 年 10 月	【ポジション】 営業部　機種担当 / グループ販社担当 【職務内容】 プリンターの機種担当として、主にアジア販社に対する マーケティング業務に携わる。 　1. 予算の策定および、売上のモニタリング 　2. 機体およびインクの価格決定 　3. プロモーションに必要な資材の提供　など

※ プロジェクト形式ではない場合は上記の様に簡条書きで体裁を変更して記載す
　ると分かりやすい

【その他】
・YouTube チャンネル登録者数●●万人（チャンネル名●●として活動中）
・ビジネスレベルの英語力（海外常駐●年、TOEIC 950 点）

※ プライベートでの実績も含め、職歴で書ききれないアピールポイントがあれば
　記載する
　（クライアントにとって PR になりそうかという観点で余計な事はかかない）

自己紹介資料

●● ●● － 自己紹介・関連プロジェクト経験抜粋

職務経歴サマリー

2013/4～2017/10：D コンサルティング（3 年）
　　食　　品：マーケティング戦略
　　製　　薬：営業戦略
　　電　　力：全社戦略、業務プロセス構築、事業再生戦略 等

2017/11～2021/2：B コンサルティング（3 年 4 ヶ月）
　　WEB メディア：事業戦略策定～伴走支援、新規事業立ち上げ、
　　　　　　　　　マスプロ効果分析
　　エ ン タ メ：新規事業参入戦略検討支援
　　製　　　　薬：D2C 広告運用支援

2021/2～ 現在：株式会社 A（創業 /2 年 3 ヶ月）
　　製造業：全社サプライチェーン改革

強み

1. 事業会社や起業経験を生かしたリアリティのある打ち手の検討ならびに、
　各ステークホルダーとの関係構築
2. 各種分析～示唆出し（インタビュー / 定量分析 / カスタマーサーベイ）
3. グローバルプロジェクトへの対応力（海外 5 年常駐 /TOEIC950）

関連プロジェクト経験　抜粋

プロジェクト概要	役割と成果
・電力会社向け 　グループ子会社における赤字事業の 　事業性評価	・コンサルタントとして外部環境分析の 　パートをリード ・論点設計ならびに各種ソースを用いた 　調査実施、役員定例向けの資料作成 　を担当 ・役員からの事業売却の承認を取得し、 　有望顧客のリストアップまでをサポート
・製薬メーカー向け 　通販広告の運用支援	・プレイングマネジャーとして事務局運 　営をサポート ・論点設計ならびに各種定量分析、役員 　定例の Prep、ファシリテーション、外 　部ステークホルダー 　との調整まで包括的に担当 ・プロモーション施策を見直し、獲得数の 　改善に寄与（CVR180% 向上）

案件獲得の準備②
案件マッチングサービス
への登録

　職務経歴書が作成できたら、フリーコンサルタント向けの案件マッチングサービスへの登録をおすすめします。自分で案件を獲得できる方であっても登録しておけばセーフティネットとなりますし、稼働に余裕があるタイミングでスポット的に案件マッチングサービスから仕事を受注すれば、収益を最大化できます。また、案件マッチングサービスが公開する案件情報を確認する事で、タイムリーなマーケット状況を正確に把握できます。

■ どの案件マッチングサービスに
■ 登録するか?

　では、具体的に登録する案件マッチングサービスの選び方ですが、まず、登録するサービスの数は3〜4社が目安になります。1、2社の場合、案件情報が偏るでしょうし、登録する数が多すぎると、案

件マッチングサービスの担当者との関係性が希薄になり、案件を獲得しづらくなるからです。

　案件マッチングサービス側からすれば、募集案件へのエントリー数が少なく、ほとんど契約に繋がらない登録者よりも、自社のサービスを利用してコンスタントに案件を獲得している人に、優先的に仕事を振りたいと考えるものです。数多くの案件マッチングサービスに登録すると、結局、どこにも契約実績が積み上がらないため、案件紹介の優先度が下がってしまいます。そこで、少なすぎず、多すぎない3〜4社を目安に登録をおすすめしています。

　その3〜4社の選び方ですが、個人的には、2社を大手の案件マッチングサービスから、残り1〜2社をブティック（小規模）系か特化型の案件マッチングサービスから選ぶと良いと考えています。特化型とは、IT分野、戦略分野といったある特定の分野に特化した案件マッチングサービスの事です。大手と小規模あるいは特化型を組み合わせる事で、主な案件情報を網羅できるはずです。

　次のページに、それぞれの代表的な案件マッチングサービスを紹介していますので、登録時の参考にしてください。

主なフリーコンサルタント向け案件マッチングサービス

大手総合系案件マッチングサービス

Free Consultant.jp（みらいワークス）
High Perfomer Consultant（イントループ）
フリーコンサル Biz（アクシスコンサルティング）
Professionals On Demand（ワークスタイルラボ）
HiPro Biz（パーソルキャリア）

ブティック（小規模）系案件マッチングサービス

CoProject（SEPTA）
ProConnect（WorkX）
Professional Hub（エル・ティー・エス リンク）
CONSUL PARTNERS（コダワリ・ビジネス・コンサルティング）
フリーコンサル match（アクリメイト）

特化系

Strategy Consultant Bank（Groovement）＊戦略系
IT Consultant Bank（Groovement）＊IT系
BTC エージェント for コンサルタント（ビッグツリーテクノロジー＆
コンサルティング）＊IT系
Experty（コロニー）＊新規事業
案件サーチ（ヒューマン・コネクト）＊人事系
アビリティクラウド（イグニション・ポイント フォース）＊SAP

案件マッチングサービスの審査でも「選別されている」意識を持って

　案件マッチングサービスの登録に際しては、職務経歴書をもとにした審査があるのが一般的で、その審査に通過すれば、面談があります。つまり、職務経歴書で落とされる事もあるのです。

　我々も、「コンサルティングファームでのキャリアが足りない」「専門性が合わない」といったその中身だけでなく、文章の書き方や書類の形式などの不備が原因で登録をお断りする場合もあります。繰り返しになりますが、職務経歴書は手を抜かずに作り込んでください。

　面談についても、案件マッチングサービスが相手だからといって油断してはいけません。主に聞かれるのは過去の経歴や専門分野についてですが、その際の受け答え次第では登録できなかったり、とりあえず登録できたとしても案件が紹介されないケースもあります。

　クライアントにフリーコンサルタントを紹介すると、案件マッチングサービスはその人物の能力や人柄に責任を持つ事になります。「この人ならクライアントが満足のいく成果を出してくれるだろう」と思える人にしか、案件は紹介できません。

　最近では、コンサルティング経験者が案件マッチングサービスの面談を担当するケースも増えていて、弊社も通常、大手コンサルティングファーム出身のマネジャークラス以上が、面談を行っています。コンサルティングファームの入社試験のようにフェルミ推定やケース面接まで行う事はありませんが、案件マッチングサービスの登録の段階から、厳しい目で選別が行われているという意識を

持っておきましょう。

　また、条件面の交渉については、常識の範囲にとどめておくべきです。平均単価が150万円のところ「300万円くらい欲しい」などと相場よりも異常に高い単価を希望したり、「土日しか働けない」「夜しか稼働できない」といった極端な稼働条件を提示してしまった場合、面倒な人という印象を持たれます。結果、案件を紹介する優先度は確実に下がるでしょう。他のフリーコンサルタントとの競争がある事が分かっていれば、そんな非常識な要求はできないはずです。

　事前に案件マッチングサービスのサイトで案件例を確認するなどして、単価の相場はいくらか、どのような稼働率、稼働条件の案件が多いのかを確認し、条件面における「常識の範囲」を理解しておきましょう。61ページで紹介した案件の相場も参考にすると良いでしょう。

　面談に合格し、登録が完了すれば、案件紹介→エントリー→クライアントとの面談と進むことができます。

案件獲得の準備③
知人への営業

　案件マッチングサービスに頼らず、これまでコンサルタントとして築いてきた人脈を利用して、クライアントから直接、案件を獲得する方法もあります。この場合、案件マッチングサービスへのフィーは不要ですし、これまで培ってきた信頼もあるので、案件マッチングサービスを利用した場合より、単価が高くなる傾向があります。より効率よく稼ぎたいのであれば、知人への営業も欠かせません。その方法は、主に3つあります。

自ら仕事をとるための
3つの営業方法

　1つ目が、SNSを利用した営業です。

　3章でも述べたように、リンクトイン（LinkedIn）やフェイスブック（Facebook）といったSNSプラットフォームで「独立しまし

た」と、自身がフリーコンサルタントとして活動する事をアピール
します。併せて、これまでSNSで繋がっていなかった仕事関係者
に対しては、友達リクエストを送っておきましょう。

　まずは、独立した事を広く知ってもらう事が、案件獲得の第一歩
です。

　2つ目の方法は、既に独立している人に近況を聞きにいく事です。
　営業という名目ではなく、まずは「食事でもしながら、フリーラ
ンスの先輩としてのアドバイスを聞きたい」などと誘ってみると良
いでしょう。話をする中で「知人が人を探していたから紹介する
よ」と、仕事の引き合いをいただける事もありますし、そうでなく
ても、直接会って独立を報告しておくと、気に掛けてもらいやすい
ものです。

　3つ目の方法は、過去に仕事をしたクライアントへの独立報告
メールです。
　前職の社内規定によっては、一定期間、会社員時代に関わったク
ライアントから仕事を受注できない場合もありますが、独立した旨
をメールで報告したり、食事に行ったりする事は問題ありません。
過去の実績を評価してくれるクライアントであれば、仕事の依頼に
繋がる可能性も高いでしょう。

　このような知人への営業が仕事に繋がったケースでは、自分の専
門分野とは違う案件を依頼される事もあります。過去の仕事ぶりか
ら、「この人なら対応できるだろう」と判断してもらえるからです。
　その場合も、できる限りクライアントの期待に応えていくのが正

解です。そこでさらに信頼を獲得できれば継続的な案件獲得に繋がりますし、同時に専門性の拡大やスキルアップも実現できます。

3つの営業方法

①SNS を活用する

⇒リンクトインや X でフリーコンサルとして活動することをアピールする

⇒仕事関係者に友達リクエストを送り、接点を広げておく

②既に独立している人に近況を聞く

⇒営業という名目ではなく食事などに誘い、情報収集する

③過去に仕事をしたクライアントに独立報告のメールをする

⇒前職の社内規定には十分留意したうえで独立をアピールする

クライアントとの契約で
注意すべき事

案件マッチングサービスを利用している場合、クライアントとの面談後にオファーを得たら、契約書を交わし、正式に案件を受注する事になります。この場合、クライアントは案件マッチングサービスと契約し、フリーコンサルタントは案件マッチングサービスの運営会社と再委託契約を締結するのが一般的です。

　案件マッチングサービスが間に入って、契約内容の確認や契約手続きの説明をしてくれるので、基本的には、その指示通り契約書に署名をすれば問題ありません。

　最近では、契約書の押印・郵送が不要な電子契約が主流です。そのため、リードタイムが最短1日というケースもあります。

不利な契約を結ばないための
確認ポイントは?

　一方、知人への営業によって、個人で直接クライアントと契約する場合は、契約に関わる全てを自己責任で行わなければなりません。

　多くのケースでは、クライアントが持っている業務委託契約書のひな形をベースに、契約書を作成してもらい、その内容をしっかり確認したうえで契約を締結します。

　契約書の確認が不十分だと、不利な条項が含まれているのを見落として、後で働きに見合った報酬を得ることができないケースや、契約期間が短縮されてしまうケースもあるので注意しましょう。

　特に契約書において、十分な精査が必要な項目は以下の3つになります。案件マッチングサービスを介した契約であっても、これらの項目については、内容に問題がないか自分の目で確認しておいた方が安心です。

①解除/延長条項

　契約当事者の一方が、契約を解除したい場合、あるいは延長したい場合、いつ、どのように相手に通知するかについて定めた項目です。突然、契約を解除されてしまうと、次の仕事を探すにも時間が必要で、収入のない期間が生まれてしまいます。できれば、1か月前には契約解除・延長の通知して貰えるような契約がベストです。その期間が短い場合は、1か月前通知に修正してもらえるように交渉してみましょう。

② 損害賠償条項

契約当事者の一方が仕事のミスや契約不履行などによって、相手に損害を発生させた場合の損害賠償の範囲を定めた項目です。この条項が記載されていなかったり、仕事の受託者に不利な内容になっていると、莫大な損害賠償を請求されるリスクがあります。

賠償の対象となるのは、故意または重大な過失が原因ではない場合は直接的な損害のみとし、その額は報酬の範囲内とするのが望ましいでしょう。

③ 精算条項

契約に定められていた工数よりも、実際の稼働時間が大幅に増加したときの対処法について定めた項目です。

プロジェクトのスコープが拡大し、想定していたよりも稼働率が上がってしまう事は多々あります。その場合の対応には、仕事が増えた分の報酬を加算するか、翌月の業務を減らして調整するかの2つの方法があります。クライアントの予算に応じて難しい場合もありますが、できれば契約時にいずれかの対応がなされる事を約束してもらえるよう話をつけておきましょう。

この他に、まれですが、クライアントに契約書のひな形がない場合は、自分で契約書を準備する必要があります。その場合は、弁護士に依頼して作成する事になりますが、その場合10万円前後がひな形作成代としてかかります。

案件エントリーの心得

案件マッチングサービスへの登録後、必要になるのが募集案件へのエントリー（応募）です。案件マッチングサービスの担当者からあなたの経歴や条件に合いそうな案件が紹介されるので、興味のある案件にエントリーします。

案件獲得の確率を上げるため
複数の案件にエントリーを

　ただし、エントリーすれば、自動的にクライアントとの面談に進めるわけではありません。先にも述べた通り、通常、1つの案件に、複数のフリーコンサルタントがエントリーします。そのため、この段階でもクライアントによる選別が行われます。「この人はイメージと違う」「この人に会ってみたい」といったクライアントの意向によって、エントリーした人の中から面談する人が選ばれるのです。

一般的には、10件エントリーしたら、3件の面接依頼が来て、そのうち1件でオファーがもらえるというイメージです。

　つまり、案件にエントリーする数が少なければ、オファーを獲得する確率も下がります。案件獲得の可能性を高めるには、気になる案件にはどんどんエントリーしていく事をおすすめします。

　案件内容や条件によって「第1希望」「第2希望」の案件があるでしょうが、そこにこだわってエントリー数を減らすのはリスクが高すぎます。そもそも案件はプロジェクト確定前のものも多く、エンドクライアント側の都合などで、案件自体がなくなってしまう事も珍しくありません。

　興味のある案件があれば、まずはエントリーしてみて、本当に案件を受注するかは面談を受けてから考えれば良いでしょう。面談の結果、どうしても自分の条件と合わないという場合は、辞退する事も可能です。

　しかしながら、当然の事ながら、闇雲にエントリーすれば良いというわけではありません。適当にエントリーして、後から断るのはただの時間の無駄ですし、頻繁に辞退すれば、案件マッチングサービス担当者に悪い印象を持たれて、良い案件を紹介して貰えなくなる可能性もあります。案件の概要をしっかり確認し、納得したうえでエントリーしましょう。

　最低限、確認しておくべきポイントは、以下の5つです。これらを確認する事で、自分とクライアント、それぞれの期待値のすり合わせができます。

案件概要を見ただけでは分からない点は、メールや電話で案件マッチングサービスの担当者へ問い合わせます。

① 募集の背景

　募集している案件が、新しくスタートするプロジェクトなのか、継続中のプロジェクトなのかを確認します。後者の場合はなぜ今、人員を募集しているのかを知りたいところです。スコープが広がったためなのか、人が抜けたためなのかなど、細かく確認していくと状況が分かり、炎上プロジェクト回避にも役立ちます。

② チーム体制と役割

　プロジェクトチームの中でどんな役割を期待されているのか、マネジャーとしてプロジェクトをリードするポジションなのか、マネジャーをサポートするスタッフポジションなのかを確認します。

③ 求められるスキル・経験

　プロジェクトの分野や内容から、求められるスキルや経験を読み取ります。

④ 基本条件や働き方

　案件の期間・稼働率や1か月の単価など、案件の基本条件とともに、出社頻度、社内外での定例会議の有無などの働き方を確認します。

⑤ 商流

　その案件がコンサルティングファームからの発注案件なのか、事

業会社からの発注案件なのかを確認します。

■ こんな案件マッチングサービス
■ には要注意

　もう1つ知っておいて欲しいのが、面談や案件受注に繋がる確率は、案件マッチングサービスの担当者の腕やクライアントとのパイプの太さなどにも影響されるということです。あまりにも面談に進む確率が悪い場合は、自分に非があるのか、案件マッチングサービスの担当者に問題があるのか、検討してみる必要があるでしょう。

　営業手腕やパイプの太さなどは外からは分かりませんが、その他で案件マッチングサービス担当者の良し悪しを測るうえで参考になるのが、案件のマッチング力です。自分の専門性や希望とズレた案件を紹介してくるようなら要注意です。

　例えば、「M&Aが専門で特にBDD（ビジネスデューデリジェンス）の経験が豊富です」と伝えていたのに、財務DD（ファイナンシャルデューデリジェンス）の案件を紹介されたり、業務系の中でも「サプライチェーンマネジメントの業務改革をしてきました」と言ったのに、IT導入によるシステム要件定義の案件を紹介されたり、専門性と微妙に違う案件を持ってこられるようなら、少なくともその担当者の営業力には疑問符がつきます。他の案件マッチングサービスへの登録も考えた方がよいでしょう。

クライアントとの
面談における留意点

案件エントリー後のクライアントとの面談では、スキルや専門性、人柄の面を確認されます。

クライアントとしては、「この人に依頼しよう」という人が決まっていても、フリーランスは複数の案件にエントリーしているケースが多い事も分かっているので、複数の候補者と面談します。1人の枠に、平均して3名ほどの面談を行っています。何度もお伝えした通り、この3名での競争がある事を意識して、面談に臨む必要があります。

面談で自分のスキルを
アピールするには

クライアントの面談依頼が来たときには、案件マッチングサービスの担当者が間に入って日時の調整をします。最近は、オンライン

での面接がほとんどで、その時間は30分〜1時間程度です。通常は案件マッチングサービスの担当者同席で行われます。

　面談の基本の流れは、「クライアントから案件概要の説明→コンサルタントから略歴紹介→質疑応答」となります。

　略歴紹介では、クライアントからの話を聞いたうえで、案件にミートするような経歴を中心に職歴・実績を説明します。その案件に対して自分が貢献できるポイントを具体的に伝えましょう。

　とはいえ、アピールしようという気持ちが前に出すぎて、口頭で捲し立てるように話すと、かえって言いたい事が伝わらなくなります。必須ではありませんが、知人への営業で使用する自己紹介資料（103ページ参照）を見せながら話をすると分かりやすいですし、面談に向けて準備してきた姿勢や資料作成スキルなども評価してもらえます。

　質疑応答では、クライアントからの質問を受けるだけでなく、フリーコンサルタント側からも疑問などを確認できます。概要説明や事前に案件マッチングサービスから聞いていた情報では分からなかった部分があれば質問してみましょう。

　その際、「過去、似たような案件に携わったときはこうだったのですが、今回も同じような進め方でよいでしょうか」「通常、考えられるプロジェクト期間より長く設定されているようですが、何か特殊な理由があるのですか」などと、過去の経験を踏まえた質問を投げかけられれば、専門性や実績のアピールにも繋がります。

　ただし、単価や稼働率などの条件面についての交渉は、案件マッチングサービスを介して行うものなので、質疑応答で、直接クライ

アントに確認するのは控え、面談後に案件マッチングサービスの担当者を通じて確認するようにしましょう。

　また、全体を通して、あくまで自分は選ばれる立場である事を前提にした受け答えを心がけなければなりません。

　例えば「予定よりも案件のスタートが遅れるかもしれない」「稼働率100％で募集していましたが、実際は80％になりそうです。大丈夫でしょうか」などと、条件変更が打診された際に、「それは困ります」「無理です」と頭から拒否するのは、得策ではありません。オファーを貰いたいのであれば、「分かりました。調整してみます」などと、一旦受け入れて検討する姿勢が必要でしょう。その方がクライアントからの印象も良くなります。

　勿論、クライアントの言う事を全て受け入れろというわけではありませんが、相手がどう感じるのかという視点を持って受け答えをする事が重要です。

情報収集など
面談前の準備

　その他のアドバイスとしては、面談を受ける前に、クライアント側の面談相手について、情報を集めておく事をおすすめします。

　案件マッチングサービスの担当者とクライアントの関係にもよりますが、面談相手はどんな人か、どんな質問をするのか、その特徴を確認する事が可能です。面談相手によって、質問のポイントは違ってくるので、事前にその傾向が分かれば受け答えの準備ができ、余裕を持って面談に臨む事ができます。

また、資料作成スキルをチェックするために、場合によってはクライアントから「過去の成果物の一部を見せて欲しい」と依頼される事もあります。この場合、機密情報をマスキングしたパワーポイント資料を提示する事になりますので、事前に準備をしておきましょう。

　独立したばかりの人は、コンサルティングファーム時代の資料が持ち出せないため、提示できる成果物がない場合もあるでしょう。その時は、案件マッチングサービスの担当者に相談してください。代替案をクライアントと調整してくれるでしょう。

第 5 章

▼
▼
▼

フリーランス
としての
第1歩が始まる

「オファー（内示）」は
「契約」ではない

▼
▼
▼

5章では、いよいよフリーコンサルタントとして活動を始める
にあたり、知っておきたい事、心得ておきたい事について取
り上げます。

まず、クライアントからオファー（内示）を貰った後の留意点と
して挙げたいのが、「オファー」と「契約」は全く別物であるという
事です。

▌契約書を交わすまでは
▌安心できない

クライアントとの面談がうまくいった場合、その後、条件面や仕
事内容などが改めて提示されます。これがオファーです。しかしな
がらこの段階のオファーは、言ってみれば、ただの口約束です。契

約書を取り交わすまでは、オファーが取り消されても文句は言えないのです。

　4章の「案件エントリーの心得」でも少し触れましたが、案件マッチングサービスで募集中の案件は、プロジェクト発足が決定していないものも少なくありません。感覚としては、募集案件のおよそ半分くらいは確定前のプロジェクトです。

　例えば、コンサルティングファームがエンドクライアントに新しいプロジェクトの提案を出す前に、実施体制を整えておくために人員確保に動く場合もあります。また複数のコンサルティングファームでコンペになっているケースもあります。このようなケースだとオファーを得ても、結果的にエンドクライアントから受注できなかったり、コンペに負けて案件自体がなくなる事があります。つまりオファーもなかった事になるわけです。

　契約書に署名・捺印するまでは何が起こるか分かりません。
　オファーを貰ったとしても、契約を締結するまでは案件獲得のための営業活動を続ける必要があります。

■ 早く契約までこぎつけられる案件を 受注するのがベスト

　案件マッチングサービスを利用している場合は、契約が完了するまでは、興味のある案件にはエントリーするようにしましょう。そしてオファー獲得後でも、他社からの面談の依頼やオファーは断らないで保留するようにしましょう。その結果、複数の企業からオファーを得ても、契約締結前であれば何も問題はありません。

例えば、A社からオファーを貰った後、B社と面談を行い、B社からもオファーを貰ったとします。この段階では、どちらのオファーも辞退してはいけません。

　まずはA社・B社双方に、プロジェクトの実施は確定済みか、契約の時期はいつ頃かを確認しましょう。いずれも案件マッチングサービスの担当者を通してクライアントに問い合わせる事ができます。

　その際は、「フリーランスという立場上、可能な限り早く案件に参画できないと厳しいので、できるだけ詳細に状況を教えてください」などと一言伝えておく事をおすすめします。

「プロジェクト発足はほぼ確定している」と言われて、何週間も待たされた挙げ句にオファーが取り消しになったり、「クライアントの了承は得ている」と伝えられても、詳しく聞いてみれば担当者決裁の段階で、その後、役員の決裁が下りずに、プロジェクトが中止になるなんて事も起こりうるからです。

　詳細を確認した結果、両者ともプロジェクトの発足が確定していない状態だと分かったら、他の募集案件へのエントリーを続けるべきですし、両社ともプロジェクトのスタートが決定していて、すぐに契約できるのであれば、より好条件の案件を選べばよいでしょう。

　仮に、A社は状況が不確定である一方で、B社からは「すぐにでも契約書を送る」と言われた場合は、B社と契約する事をおすすめします。

　なぜならば、A社の方が自分の中で優先度が高かったとしても、

早く確実に案件を獲得する方が、フリーランスとして効率的に仕事を回していけるからです。

　もちろん、B社の案件が条件的に受け入れがたいのであれば、契約せずに別の案件を探しても構いません。また、状況によってはB社に「少し契約を遅らせて欲しい」と交渉し、A社からの連絡を待つ方法もあります。

　いずれにしても、「オファーを辞退したり、クライアントからの面談依頼を断るのは、業務委託契約書を取り交わしてから」という事を覚えておきましょう。

継続的に案件を
獲得できる人・できない人
の違い

繰り返しになりますが、フリーランスには、会社の看板もなければ、上司や同僚もいません。基本的に自分の裁量で仕事を進めることができますが、その分、個人で負わなければいけない責任も大きくなります。

そのような状況の中で、持続的に案件を獲得できるかどうかは、あなた「個人」としての信用力にかかっています。コンサルティングファームやエンドクライアント、案件マッチングサービスの担当者などからの信用を蓄積していく事がとても重要になるのです。

■ タスクや役割を正しく理解し
■ 期待に応える成果を出す

では、個人としての信用を増やしていくには何が必要となるのでしょうか。最も大事なことは、求められるタスクや役割を正確に理

解して、クライアントやチームメンバーの期待に応える事でしょう。至極当たり前の事と思われるでしょうが、全てのフリーコンサルタントができているかというと、そうではありません。自分のタスクや役割への理解が足りないまま、業務を進めてしまう人が多いからです。

　例えば、「1～2日で、最近の自動車業界についてトレンド調査をして欲しい」と依頼されたときに、ただ「分かりました」と引き受けて、自分なりの理解・やり方で進めてしまうと、役に立たない成果物しか出せません。「その目的は何か」「国内のトレンドでよいのか」「期間内にどの程度まで掘り下げればよいか」など、まずは認識のすり合わせをしなければ、相手の期待には応えられないでしょう。

　上記はかなり分かりやすい例ですが、どんな仕事においても、チーム内、もしくはエンドクライアントと常にコミュニケーションをとって、その都度、合意を得ながら業務を進めていく事が求められます。このような仕事の進め方はフリーコンサルタントに限った事ではないでしょう。ただし、独立した途端に、言われた事を右から左へ流すような仕事の仕方をするようになる人がいるのも事実です。

　フリーコンサルタントの中には「自社の事業がメインであり、コンサルティング業はあくまでサブ」という考えの方も多くいるので、その気持ちも分からなくはありません。しかしながら、フリーランスだろうがファームに所属していようが、クライアントがコンサル

タントに期待する事は変わりません。常に、期待される成果を出す事を意識して能動的に考え、動く事を意識して欲しいです。

■ フリーランスこそ
■ 意識的な「報連相」を

さらにチームで仕事を進めるうえで、意識して欲しいのが「情報共有」です。あるいは、「報連相」と言い換えてもいいでしょう。

コンサルティング業務は基本的にチームで行う事が多いですが、フリーコンサルタントは意識していないと孤立しがちです。

担当業務を一人黙々とこなすだけでは、チームメンバーには、「今、何を、どのくらい進めているのか」が伝わらず、ブラックボックス化してしまいます。すると、実際には問題なく業務を進めていたとしても、それは伝わらないばかりか、「任せていて大丈夫だろうか」と不安や心配を増長させる事になります。初めて仕事をするクライアントであれば、あなたは「正体不明の誰か」でしかないのですから、なおさらです。

さらに、何かトラブルが発生したとき、あるいは発生しかけたときには、対処が遅れてチーム全体の業務を遅延させたり、質を低下させたりするリスクがあります。

例えば、よくあるのが「決められた納期に遅れてしまう」というケースです。ファームに所属していれば、進捗管理を行っている上司が気づいて、期限を延ばして貰えるようにクライアントと交渉してくれたり、同僚が手を貸してくれたり、すぐに対応策が施されます。

その一方でフリーコンサルタントの場合、自分から意識的にSOSを出さなければ、状況はどんどん悪くなるだけです。進捗が滞った時点ですぐに「できれば1人、お手伝いくださる方を貸していただけないでしょうか」「期限をもう少し延ばす事は可能でしょうか」と、自ら状況を説明したうえで解決案を提示する必要があります。

小まめな「報連相」は、トラブルの予防だけでなく、質の高い仕事をするためにも必要です。

クライアントの課題に対するアウトプットを作成する場合も、上司のフィードバックを受けたり、チームメンバーと様々な意見をぶつけ合う事で、その内容はブラッシュアップされます。「三人寄れば文殊の知恵」と言われるように、チームだからこそ、多角的な視点から最適な課題解決策を導き出す事ができます。

その点、フリーランスになると、フィードバックをもらえる機会が圧倒的に減ります。その分、"三人分"の力や視点を身につけるべきとも言えますが、それよりも確実にアウトプットの質を高めるには、意識的に第三者の意見やアイデアを取り入れる事が重要でしょう。

「私は都心部の客数が絶対的に足りない点が最大の課題だと思っているのですが、○○さんのご意見はどうですか」「商品の品質が悪いのではなく、あくまで認知が足りていない事が最大の課題だと思っていますが、いかがでしょうか」と、自らチームメンバーやクライアントに対してフィードバックを求め、壁打ちをしていく事を心がけるのです。

「個人で責任を負う」というのは、「全てを1人で抱え込む」という事ではありません。フリーランスだからこその第三者的な視点を持ちつつも、チームプレーを意識しましょう。結局のところ、このような密なコミュニケーションが質の高い仕事と信頼関係を作ります。

■ 信用が蓄積されれば
■ 指名で案件獲得も可能に

プロフェッショナルとして、またプロジェクトチームの一員としてクライアントの期待に応える働きをすれば、信用力は確実に蓄積されていきます。結果、「ぜひあなたに、次の案件もお願いしたい」と指名で仕事を受注できる機会も増えるでしょう。

コンサルティングファーム内の横の繋がりによって、直接仕事をした事がない他の担当者が、社内での評判を耳にして別案件で追加発注してくれるケースもよく聞きます。

我々の案件マッチングサービスも、クライアントから「いつもの○○さんで」「この間、○○のプロジェクトでお世話になった方で」と指名で依頼をいただく事も少なくありません。その場合は、当然、面談などの手順を踏む事なく、即、契約となります。

1〜2社、指名で案件を依頼してくれるクライアントがいる人は、途切れる事なく仕事が回っている印象です。

また、そういうクライアントとは、既に信頼関係ができているので、様々な交渉がしやすいというメリットもあります。

過去のデリバリーを評価してくれているからこそ、例えば「少し稼働率を下げたい」「単価を上げて欲しい」といった要望にも耳を

傾けてくれる可能性が高いでしょう。案件マッチングサービスはそのような交渉にも慣れているので安心してください。

契約書にない
働き方はできない

　フリーランスは、組織に所属していない分、自由度が高いという印象がありますが、それは半分正解で、半分は間違いです。

　たしかに、仕事の分野や稼働率、働く場所など、自分が考える条件に合った案件を選べる点では、自由な働き方ができるといえるでしょう。しかしそれは、自分の思い通りに働けるという事ではありません。

　契約を交わした後は、その内容に沿った働き方が求められるからです。

風邪を引いても
簡単には休めない

　例えば、「稼働率100%」という契約であれば、基本的に、平日

の日中（目安として8時間）は、全てその案件の業務に割く事をコミットした事になります。それにもかかわらず、「その日は半日しか時間がとれません」「その時間は自分の事業の関係で、ミーティングに参加できません」などという事は許されません。いずれも「当初に聞いていた話とは違う」となってしまいます。

　土曜日・日曜日・祝日が休みの週休2日制をクライアントが採用している場合は、それ以外の日に休む事は難しいと考えた方が良いです。契約書に記載されていない日に休暇を取る事はできないと考えましょう。
　もちろん、フリーランスには有給休暇もありません。有給休暇の取得は、企業と雇用関係があって給与が支払われている人に認められた権利だからです。

　フリーコンサルタントは、契約した稼働率に対して報酬が支払われているので、予定以上に休めば、報酬も減額されてしまう可能性があります。そのため、病気などのやむを得ない事情で休んだ場合でも、その休んだ日数分の報酬を契約金額から差し引く旨を記載した「覚書」を締結する必要があります。

　フリーランスになったら、「ちょっと風邪を引いてしまったから今日は休養に当てよう」などと、簡単に休む事はできません。プロフェッショナルであれば体調管理も仕事の内と心得ましょう。
　それでも、急病のときなど、やむを得ない事情で休まなければならない場合は、分かった時点でクライアントだけでなく、案件マッチングサービスの担当者へも必ず連絡をするようにしましょう。

契約更新に向けて
すべき事

　フリーコンサルタントの業務委託契約では、契約期間も定められていますが、参画したプロジェクト自体がその期間で終結するとは限りません。プロジェクトが継続する場合、フリーコンサルタントの契約も更新してもらえる可能性があり、そうなれば収入のない時期を過ごさずにすみます。

■ プロジェクトが継続しそうなら
■ 更新に向けてアピールを

　案件の発注者（主にコンサルティングファーム）から契約更新の申し出を貰えるかどうかは、それまでのデリバリーにかかっているのはもちろんですが、加えて、契約期間中の売り込みによって結果が変わる事もあります。

契約満了日の1か月前に近くなれば、参画しているプロジェクトが終わるのか、満了日を過ぎても続くのかどうかは、現場の肌感で予測できるものです。もしプロジェクトの継続が見えてきて、自分としても引き続き契約したいと思う場合は、案件の発注者にその意思を伝えておく事が大事です。「プロジェクトが続くのであれば、引き続き皆さんと一緒に働きたいです」「チームの一員として、ぜひ仕事を続けたいので、よろしくお願いします」などと、言葉にして伝えましょう。これも営業活動の一環です。

さらに、エンドクライアントにも自らアピールをするように努めましょう。機会があるごとに、引き続きプロジェクトチームに加わって貢献したい事をさり気なく伝えます。エンドクライアントに「あの〇〇さんにも引き続きサポートをお願いしたい」と言わせたら勝ちです。間に入っているコンサルティングファームがよほど嫌がらない限り、案件の継続的な受注に繋がります。

契約更新は、契約満了日の1か月前頃には決定するのが一般的です。フリーコンサルタントが了承すれば、再度、契約書を交わす事になります。

■ 契約更新が無理なら
次のチャンスを探って

一方、契約満了日と同じ時期にプロジェクトが終結する場合は、早めに次の案件探しを始めなければ、稼働できない期間ができてしまいます。

契約更新が難しいと分かった場合は、案件の発注者に「御社の別の案件で私を継続的に使ってもらう事はできないでしょうか」など、

新規の案件はないかアプローチしてみる事をおすすめします。

　与えられたタスクで常に高いパフォーマンスを発揮していれば、自ら動かなくても、「今度は別の案件をお願いしたい」と新しい案件の発注を貰えるかもしれません。ただ、クライアントから声が掛かるのを待っているだけではなく、「自分の仕事は自分で取りに行く」という気持ちで顔と名前を売り込めば、よりチャンスは広がります。

　その結果、新しい案件を紹介してもらえれば、「案件にエントリー→面談→オファー」というフローをパスして、不特定多数のコンサルタントと競争する事なく、案件を獲得できます。

　別の新規案件が見つかる目処が立たない場合は、案件マッチングサービスの担当者へも連絡を入れましょう。できれば契約終了の1か月前くらいまでに、遅くとも3週間前までには連絡を。あるいは、クライアントの意向にかかわらず契約更新したくない場合も、案件マッチングサービスを利用して新しい案件を探しましょう。

　その際は改めて、どんな案件を紹介して欲しいか、案件分野や契約期間、チームでの役割など、具体的な希望を伝えるようにしましょう。「今回のプロジェクトで、〇〇のテーマが自分に向いているという事が分かったので、同じような案件を探して欲しい」「プロジェクト期間が短い方が、モチベーションが続くので、契約期間の短い案件を希望します」などと、経験値が増えた事で変化した要望などを伝えると、案件マッチングサービスの担当者もその人にマッチした案件を探しやすくなります。

契約の更新に向けてすべきこと

プロジェクトが継続する場合

・案件の発注者に継続の意思を伝える
・エンドクライアントに存在感をアピールをする

プロジェクトが終了する場合

・既存案件の発注者に別の案件で募集がないかアプローチする
・案件マッチングサービスの担当者に連絡して新規案件を探す

よくあるトラブルと
その対処法

　こでは、フリーコンサルタントとして活動する中で、遭遇
しやすいトラブルを紹介します。いくら気をつけていても、
自分以外の理由で、トラブルが発生してしまう事があります。大切
なのは、冷静で適切な対応をする事です。対応を間違えて収拾がつ
かない事態に発展しないように、正しい対処法を知っておくと安心
です。

CASE①
希望条件と違う案件を紹介される

　理由は2つ考えられます。

　1つは、案件マッチングサービスの担当者が希望条件を十分に理
解できていないパターンです。この場合、コンサルタント側の説明

が不十分だった事が原因かもしれませんし、案件マッチングサービスの担当者がコンサルタントの業務について知識が少なく、間違った解釈をしてしまったせいかもしれません。

例えば、「SAPのプロジェクトに携わっていました」といっても、設計や開発を担当していた人もいれば、開発現場をマネジメントするPMOの役割を担う人もいて、それぞれ専門分野や役割は大きく異なります。その事が分かっていないと、「SAPプロジェクトの案件だから」というだけで、PMOの業務しか経験のない人に、開発の案件を紹介するなどの、ギャップが生じてしまうのです。

もう1つの理由は、そもそも希望している条件に一致する案件がないパターンです。マーケットの状況によっては、あなたの希望に合った案件が少ない事もあり、やむを得ず、別の案件を紹介しているのかもしれません。

いずれにせよ、まずやるべき事は、案件マッチングサービスの担当者との対話です。なぜ希望条件に合わない案件を紹介したのか、話を聞いてみます。そのうえで、こちらの要望が十分伝わっていなかったのであれば、改めて希望条件を説明し、理解してもらいます。

さらに、稼働に空きができそうなタイミングがあれば必ず連絡し、コミュニケーションの機会を意識的に増やしましょう。案件の数には限りがあるので、「この案件なら、あの人にやってもらえそうだな」と思い出してもらえる事が大切だからです。自分の存在を印象づけるという意味では、メールだけでなく、時には電話をして、直接話をする機会を作るのも良い方法です。また、当然の事ですが、獲得した案件で信用に値する成果を出す事も忘れずに心掛けましょ

う。

それでも希望に合わない案件を紹介されるようであれば、他の案件マッチングサービスを探して乗り換える事も考えましょう。例えば、コンサルティングファーム出身者が対応してくれるところを選ぶと、意思疎通がスムーズでストレスも少ないはずです。

CASE②
スコープが聞いていた内容と違う

稼働開始日に、依頼された業務が、聞いていた内容と違ったという事があります。大規模なプロジェクトの場合、その中には様々なテーマの業務が同時進行しているため、当初に予定されていたものとは異なる業務にアサインされてしまうケースがあるのです。

一方で、フリーコンサルタントの業務内容は、契約書に明記されています。契約とは違う業務を指示する事は単純に契約違反となり、契約解除が可能です。

一方でクライアントの都合によって起こったトラブルとはいえ、いきなり契約解除となると印象は良くありませんし、仕事がなくなれば収入もなくなります。まずは「なぜ業務内容が契約と異なるのか」について、クライアントに話を聞いて条件のすり合わせを行います。今後も仕事を発注してもらえるような関係を作るには、できる限り歩み寄る姿勢が大切です。例えば、自分の専門分野から少し外れた業務であったとしても、クライアントが「どうしてもそれをお願いしたい」というのであれば、柔軟に対応するのがベストです。

しかしながら、どこまで譲歩すべきか判断が難しい場合も多いの

で、案件マッチングサービスを介した仕事であれば、その担当者に相談する事をおすすめします。フリーコンサルタントの希望を聞いたうえで、譲歩するかわりに「少し契約期間を短くできますか」「出社が増えた分、単価を上げてもらえますか」といった交渉もできます。本人が直接交渉するよりも負担が少なく、お互いの心証を悪くしないですみます。

　自分の事業の業務や親の介護が理由でフルリモートの契約であったにもかかわらず、出社を求められた場合など、譲歩が難しいケースでは、速やかな契約解除も可能です。その場合もクライアントに申し出る前に、まずは案件マッチングサービスの担当者に相談をするようにしましょう。

CASE③
稼働時間が想定よりも大幅に増えてしまった

　業務委託契約の場合、雇用契約と違って、1日の就業時間を「○時から○時まで」と明確に決める事はできませんが、目安となるおおよその稼働率（≒稼働時間）をお互いに了解したうえで契約をしているはずです。ただ、そうは言ってもプロジェクトのスケジュールが大幅に遅れるなど、トラブルが発生する事も多く、その場合、想定していた稼働時間を大幅に超えてしまう事があります。「稼働率50％の契約だったけれど、100％近く働いている」とか、「稼働率100％のはずが、150％の時間働かないと終わりません」といった事があるのです。

　プロフェッショナルである以上、稼働時間ではなく、成果にコ

ミットする事が大切ではあるものの、それには限度があります。例えば案件の稼働率は50%に抑えて自分の事業に時間を割きたい人は、死活問題です。大幅に想定の稼働時間を超過している場合は、何かしら対応策を講じる必要があります。

　ただその場合、稼働時間がオーバーするのはタスク量だけが原因なのか、本人のスキル不足や要領の悪さも関係しているのか、冷静にジャッジする必要があります。そういった判断は、当事者よりも案件マッチングサービスの担当者などの第三者の方がしやすいでしょう。
　案件マッチングサービスを利用している場合は、1か月に1〜2回行う業務報告の一環として稼働時間も記録していると思うので、その記録を見ながら状況を相談してみましょう。もし、プロジェクトの業務量や進行に問題があると判断された場合は、案件の発注元と今後の対応について話し合ってくれます。

　対応策として多いのは、働きすぎた分は、その後の稼働率で調整する方法です。例えば、契約では稼働率50%だったけれど、最初の1か月の稼働率が100%だった場合は、翌月は稼働率20%、翌々月は稼働率30%に減らすなどして調整します。
　頻度は少ないですが、契約内容を変更する場合もあります。稼働率50%では仕事が回らないので、例えば稼働率を80%とする契約を結び直すのです。もちろん、その場合は稼働が増えた分、1か月あたりの報酬金額も上がります。

CASE④
契約更新か否かが、契約満了日の直前まで決まらない

　現状はフリーコンサルタントの案件の多くは、発注元がコンサルティングファームです。その場合、コンサルティングファームとエンドクライアントの間で、プロジェクト継続の契約が結べないと、フリーコンサルタントの契約更新は決定しません。そのためファームとエンドクライアントの契約交渉に時間がかかると、契約終了の1〜2週間前になっても、契約更新できるかどうか分からない事があります。

　契約更新を希望する場合は、案件マッチングサービスの担当者を介して、あるいは自分で状況を確認しながら、プロジェクト継続の決定を待つしかないのですが、何もせずにただ待つのはリスクが高すぎます。契約が更新できなかったときのために、新しい案件探しも並行して進めましょう。

　興味のある案件にエントリーして、面談の依頼も受けてOKです。その際、「現在、参画しているプロジェクトが継続した場合は、そちらの仕事を優先したい」と正直に伝えておきます。

　発注元も、フリーコンサルタントの事情はよく分かっていますし、面談では、「他にどんな案件獲得に動いているのか」「優先順位はどうなっているのか」といった質問もされます。そのとき「御社の案件が第一希望です」と嘘をついてオファーをもらっても、結局辞退する事になれば、その方の印象が悪くなります。

　もし、新しい案件の方が魅力的だった場合は、「契約更新のオファーが来る前に契約していただければ、現行の案件は契約更新し

ません」と伝えて、新規案件を獲得できるよう交渉してみましょう。

■ CASE⑤　案件もしくは人との相性が合わず、
■ 途中解約を打診したい／打診された

　フリーコンサルタントとコンサルティングファームなどのクライアントとの仲介役をしていると、双方から、契約を途中解約したいという打診を受ける事があります。

　クライアントから打診を受ける際の理由は「AIに詳しいと言っていたのに、知識が不十分だった」「コンサルタントとしての基礎スキルが身についていなかった」といった、専門性やスキルの不足が原因であることがほとんどです。

　一方、コンサルタントから打診を受ける際の理由は、「約束していた条件と違う（稼働率、業務内容など）」「人の入れ替わりが激しく、プロジェクトがうまく進行しない」「パワハラ気質の人がいて働きづらい」など、様々な理由があります。

　いずれにしろ、途中解約するには双方の合意が必要で、一方的な解約は下請法をはじめとした各種法令違反に当たる可能性もあるため許されません。

　フリーコンサルタントからの途中解約は、基本、急な病気やケガなどやむを得ない場合のみと考えてください。プロのコンサルタントは、どんなクライアントに対しても寄り添い、バリューを提供するのが仕事です。人間関係を理由に解約を打診するのはプロ失格とみなされます。案件マッチングサービスを利用している場合、途中解約をすれば履歴に傷が残り、その後、案件を紹介されにくくなるでしょう。

もし、何らかの問題が起こって自分ではどうしようもないと思っても、すぐに契約解除という結論を出さずに、まずは案件マッチングサービスの担当者に相談をするように心掛けましょう。稼働時間の超過については、CASE③で解説したような調整方法がありますし、パワハラで困っている場合は、加害者と関わらないで済むように業務体制の変更をするなどの対応策があるかもしれません。

　クライアントから契約解除を打診された場合も、一方的な契約解除はできないので、コンサルタントが了承しなければ契約満了までは仕事を続けられるケースがほとんどです。一方でクライアントから望まれない状態で業務を続けるのは、双方にとってよい状況とはいえないでしょう。そのため、途中解約を受け入れるという選択肢もあります。

　その場合は、なるべく損益を被らないように契約書を確認します。解約期間の条項（何日前までに予告しなければならないか）、途中解約した場合の報酬について（解約までの報酬が確実に支払われる準委任契約（履行割合型）になっているか）などです。

　さらに、途中解約後、なるべく早く仕事につけるように、新規案件を探し始める事も大切です。

独立すると必要になる
手続き

　　　最後に、独立してフリーランスになったら必要な開業や税金、
　　　社会保険の手続きについて、簡単に説明します。個人事業
主の場合と、法人を立ち上げる場合とでは必要な手続きが違うので、
それぞれのポイントを押さえておきましょう。

個人事業主として開業する人が
必要な手続き

　独立してフリーコンサルタントとしての活動を始めるとき、その
多くは個人事業主として開業します。この場合、開業資金などもい
らないので、初期費用をかけずに独立できます。

・開業届

　個人事業主として活動を始める前に、まず税務署に「個人事業の

開業・廃業等届出書」を提出します。提出期限は原則、事業を始めた日から1か月以内です。

　実は、この開業届を出さなくても、フリーコンサルタントとして仕事をする事はできます。しかしながら、届け出た方が、開業にかかった費用が計上できたり、青色申告（詳しくは以下）ができたり、メリットが多いので、すぐに提出する事をおすすめします。届出書は国税庁のホームページから入手できます。その後、お住まいの管轄の税務署に郵送またはe-Taxから提出することが可能です。

・社会保険の切り替え

　個人事業主が加入する主な社会保険は「国民年金」と「国民健康保険」です。独立したら、それぞれ厚生年金保険から国民年金へ、健康保険（被用者保険）から国民健康保険への切り替え手続きが必要です。いずれも退職日の翌日から14日以内に、市区町村の窓口で手続きしてください。社会保険と異なり、保険料は自己負担となります。

　ただし、健康保険の方は、退職後2年間は、以前勤めていた会社の健康保険を任意継続できます。退職後20日以内に手続きする必要があり、この場合も保険料は全額自己負担です。

・確定申告

　会社員であれば所得税は給与から天引きされますが、独立して個人事業主になれば確定申告して自ら所得税を納める必要があります。

　その場合、青色申告する事で最大65万円の控除が受けられます。青色申告とは確定申告の方法の一種で、正しく所得税を計算・納税するための制度です。

青色申告にはいくつかの特典がありますが、事業所得または不動産所得から一定額を控除できる「青色申告特別控除」がよく知られています。所得税や住民税のもととなる所得から差し引く事ができるので、その分の税負担を軽くできます。

　控除できる金額は65万円・55万円・10万円のいずれかです。複式簿記で、さらにインターネットを通じて手続きができる「e-Tax」での申告または電子帳簿保存の要件を満たせば65万円の控除が受けられます。

　コンサルタントの皆さんは職業柄、会計知識が豊富でITリテラシーの高い方が多いので65万円の控除にチャレンジしてみてはいかがでしょうか。また、確定申告の代行のみを税理士に依頼する事もできます。

■ 法人を立ち上げる場合に ■ 必要な手続き

　法人を立ち上げるにはお金も手間もかかりますが、メリットもあります。

　まず、個人事業主にかかる所得税と法人にかかる法人税では税率が違うため、一定の利益が出れば個人事業主よりも税金が安くなる場合があります。

　法人税の方が安くなる目安としては、一般的に年間利益が600万円を超えたあたりと言われています。ただし、所得控除などの各種条件によってはこの金額の目安が変わるので、税制面から個人事業主か法人化を検討する場合は、税理士などの専門家に相談する事を

おすすめします。

　また、法人化すると社会的信用が高くなるので大企業と取引できるチャンスが増えます。これまで付き合いのない企業と取引する際、社会的信用は重視されるポイントです。

　そのほか、負債を抱えたとき、返済義務は出資額が上限となるため、個人の財産で返済しなければならないリスクを回避できるのも法人化のメリットです。

　法人を立ち上げるときに必要な手続きは以下になります。

・**法人化**

　法人を設立する場合はまず法務局への法人登記（商業登記）が必要です。法人登記とは会社の概要を公開し、法人として認めてもらうための手続きで、法律で義務付けられています。

　会社を設立した日から2週間以内に届け出ましょう。

　そのうえで、「法人設立届出書」を税務署に提出します。提出期限は法人を設立した日から2か月以内です。

　以上届け出に必要な費用のほか、会社印や印鑑証明書などの費用など、法人化には約30万円前後のお金がかかります。

・**社会保険の手続き**

　法人で役員報酬を出す場合は、たとえ1人社長であっても厚生年金保険と健康保険に加入しなければなりません。法人化の手続きが完了したら、「健康保険・厚生年金保険　新規適用届」と「健康保険・厚生年金保険　被保険者資格取得届」を年金事務所に提出する必要があります。

　これらの保険料は事業主と加入者で折半するので、法人として独

立して給与をその会社から受け取る場合は、保険料の半分は法人が支払い、もう半分は給与から天引きします。

　従業員を1人でも雇う場合は労働保険（労災保険、雇用保険）への加入も必要です。なお、労働保険は原則経営者には適用されません。

・**税金の支払い**
　法人には主に以下のような税金がかかります。
　・法人税
　・法人住民税
　・法人事業税
　・特別法人事業税
　法人税とは法人の利益に対してかかる国税で、本店所在地の税務署に申告します。法人住民税・法人事業税は地方公共団体に納める地方税です。赤字であっても毎年最低でも7万円の法人住民税の均等割を支払わなければなりません。都道府県税事務所や市役所に申告します。特別法人事業税は地方法人課税における税源偏差の是正を目的にして導入された国税です。単独で納めるのでなく、法人事業税と併せて納付します。

個人事業主と法人の違い

	個人事業主	法人
税金の種類	所得税	法人税
税率	5%～45%	所得800万円以下の部分：15% 所得800万円超の部分：23.2% （資本金1億円以下の普通法人の場合）

おわりに

　まずは最後までお読みくださり、ありがとうございました。

　本書を通じてフリーコンサルタントとして活躍するために必要な事はご理解いただけたでしょうか。

　以前からコンサルティング業界は、他のファームへ移籍する、事業会社へ転職する、あるいは起業するといったキャリアの選択肢に見られるように、高い流動性という特徴がありました。これに加えて、近年では多様な生き方、働き方が当たり前となりつつある時代のトレンドも相まって、コンサルティング業界にも「フリーランスとして働く」という新しいワークスタイルが生まれました。

　これによって、コンサルティング業界の働き方の常識も変化しており、今現在コンサルタントとして活躍している方々のキャリアの考え方も変化が見られます。

　しかしながら、まだ世の中ではフリーコンサルタントに対する認知度は低く、こうした世の中の変化も含めて、体系立てて整理された情報源は少ないように感じています。

　そのような中で、本書では「そもそもフリーコンサルタントってどういう働き方ができるのか」「どうすればフリーコンサルタントとして活躍できるのか」という皆さんの初歩的な疑問にまずは答えたいという思いから、筆を執るに至りました。

　今、コンサルティングファームに所属されている方にとっては、独立するという決断は敷居が高く感じられていたかもしれません。しかし、本書でも繰り返しお伝えしてきた通り、フリーコンサルタ

ント業界は今、急速に伸びています。コンサルティングファームで一定の経験を積んだ方であれば、再現性高く収入を伸ばす事ができ、さらに時間の融通を利かせる事も可能になりました。「このままでいいんだろうか」とキャリアに悩んだ際には、「フリーコンサルタントとして独立する」という選択肢も持っていただければと思います。

　もし、「一人では不安だ」という場合には、ぜひ我々のような案件マッチングサービスにお声掛けください。きっとお力になれる事があるはずです。

　本書が、フリーコンサルタントとしての第一歩を踏み出すきっかけになれば何よりです。

　最後に、本書を上梓するにあたって、お世話になった方々へのお礼を述べて締めくくりたいと思います。改めて、取材にご協力くださった方々には、この場を借りて心よりお礼申し上げます。

　また、弊社とお取引してくださっている企業の皆様、フリーコンサルタントの皆様、そして弊社スタッフにはいつも感謝しております。

2023年11月吉日
株式会社Groovement
代表取締役　浴野真志
取締役　髙倉諒一

MEMO

MEMO

［著者略歴］

浴野真志（えきの・まさし）

株式会社 Groovement 代表取締役
神戸大学経済学部卒業。デロイトトーマツコンサルティング、フィールドマネージメント（現：FIELD MANAGEMENT STRATEGY）にて、主にグルメサイト／エンタメ／化粧品通販などB2C領域におけるマーケティング戦略、新規事業の検討、各戦略の実行支援に従事。2021年に株式会社 Groovement を創業し、フリーランスコンサルタント向けの案件紹介マッチングサービス「Strategy Consultant Bank」をローンチ。サービス担当者として、これまで数百名のコンサルタントと面談、案件紹介、フォローアップを担当してきた。

高倉諒一（たかくら・りょういち）

株式会社 Groovement 取締役
上智大学経済学部卒業。デロイトトーマツコンサルティング、野村総合研究所にて、主に消費財／小売／人材／メディアなどの領域における事業戦略や中期経営計画の策定、営業戦略策定、伴走支援、調査・分析支援に従事。その後、株式会社 Groovement の取締役に就任。フリーランスコンサルタント向けの案件紹介マッチングサービス「Strategy Consultant Bank」のサービス担当者として高品質なサポートを提供してきた。

フリーランスコンサルタントの教科書

2023年12月1日　初版発行

著　者　　浴野真志・高倉諒一

発行者　　小早川幸一郎

発　行　　**株式会社クロスメディア・パブリッシング**
　　　　　〒151-0051 東京都渋谷区千駄ヶ谷4-20-3 東栄神宮外苑ビル
　　　　　https://www.cm-publishing.co.jp
　　　　　◎本の内容に関するお問い合わせ先：TEL（03）5413-3140／FAX（03）5413-3141

発　売　　**株式会社インプレス**
　　　　　〒101-0051 東京都千代田区神田神保町一丁目105番地
　　　　　◎乱丁本・落丁本などのお問い合わせ先：FAX（03）6837-5023
　　　　　service@impress.co.jp
　　　　　※古書店で購入されたものについてはお取り替えできません

印刷・製本　　**株式会社シナノ**